JN409195

장 이야기

자연이 담고 하늘이 익히는
전통장 오가향 대표 권현구 부부의
정성 가득한 장 이야기

권현구 지음

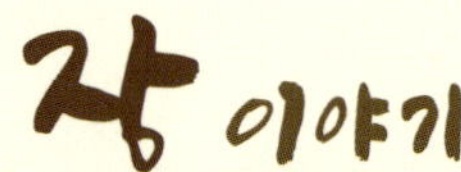

권현구 지음

발 행 일 2018년 11월 30일
지 은 이 권현구
발 행 인 李憲錫
발 행 처 오늘의문학사
출판등록 제55호(1993년 6월 23일)
주 소 대전광역시 동구 대전로867번길 52 (삼성동 한밭오피스텔 401호)
전화번호 (042)624-2980
팩시밀리 (042)628-2983
전자우편 hs2980@hanmail.net
카 페 cafe.daum.net/gljang(문학사랑 글짱들)
cafe.daum.net/art-i-ma(아트매거진)

ISBN 978-89-5669-961-5
값 18,000원

* 이 책은 경상북도 와 한국문화예술위원회 의 지역협력사업으로 지원 받아 발간되었습니다.

* 이 책은 (주)교보문고에서 eBook(전자책)으로 제작하여 판매합니다.
* 잘못 제작된 책은 바꾸어 드립니다.

이 도서의 국립중앙도서관 출판예정도서목록(CIP)은 서지정보유통지원시스템 홈페이지(http://seoji.nl.go.kr)와 국가자료종합목록시스템(http://www.nl.go.kr/kolisnet)에서 이용하실 수 있습니다. (CIP제어번호 : CIP2018036654)

장 이야기

'전통장 이야기'를 발간하면서

전통장은 어릴 적 부모님께서 하시던 일을 어깨 너머로 보던 것이 전부였습니다. 현재 전통장 업체를 운영한다는 것은 생각지도 않은 일이었습니다. 20년 동안 다니던 회사의 자매마을과의 인연으로 시작된 전통장과의 만남은 지금의 장류사업을 하게 된 계기가 되었습니다.

회사에서 신사업으로 추진한 장류사업의 책임을 맡으면서 장에 대한 관심이 시작되었습니다. 무엇이든 처음은 쉽지 않듯이 시행착오와 어려움이 있었습니다. 하지만 보고, 배우고, 경험하면서 터득한 일들을 기록하고 분석하여 매뉴얼로 만들었습니다. 몸소 뛰어다니며 공부한 결과 자칭 장류전문가로 거듭나게 되었습니

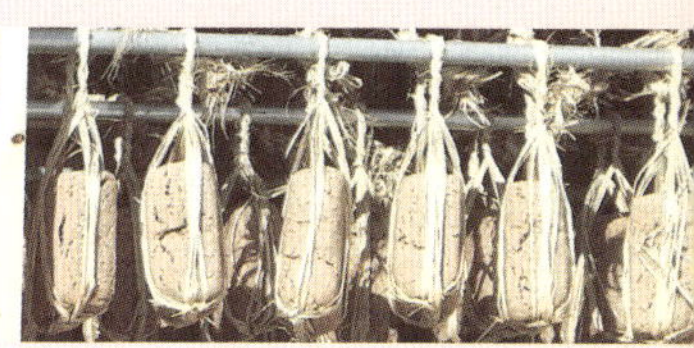

다. 그 후 회사에서 하던 장류사업이 정상궤도에 진입할 때쯤, 우리 부부만의 장류사업을 해 보고 싶은 마음으로 정들었던 회사를 그만두고 새로운 길로 들어섰습니다.

먼저 신라 말 다섯 선비가 처음 터를 잡아 오사리라 부르던 마을에 터를 잡았습니다. 이곳은 전통발효식품에 적합한 기후 조건을 갖추고 있습니다. 일교차, 연교차가 크고, 장류식품에 좋은 3가지 조건인 맑은 물, 맑은 공기, 많은 햇빛이 있어 장맛을 내기에는 가장 좋은 지역입니다.

옛 지명인 '五士理'에서 착안해 다섯 집의 향기를 담고자 '五家香'이라는 브랜드를 만들었습니다. 그리고 2,500여 평의 땅에 메주콩과 고추를 직접 재배하고 고추 파쇄도 직접 하여 소비자들이 믿고

찾을 수 있는 제품으로 만들고자 했습니다. 또한 위생을 다른 그 무엇보다 최우선으로 여기고 모든 생산시설과 공정을 내가 먹는 다는 생각으로 깔끔하게 하고 있습니다.

일반적으로 전통장은 가정에서 주먹구구로 하는 것이란 인식이 대부분입니다. 우리 부부는 전문적인 지식습득을 위해 전통장류제조사 자격을 취득하였습니다. 필자는 그동안의 경험이 바탕이 되어 전통장류제조사 사범의 자격을 갖추게 되었습니다. 그리하여 장류생산기술은 어느 업체에도 떨어지지 않는다고 자부합니다.

좋은 제품은 좋은 기후조건과 좋은 재료, 높은 기술력을 갖추었을 때 나옵니다. 오가향 제품은 이런 모든 조건을 갖추었다고 생

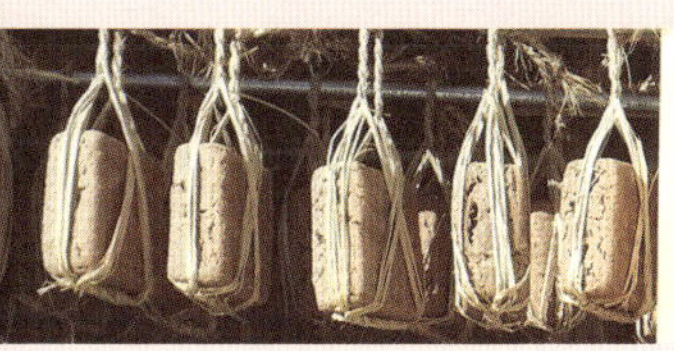

각합니다. 이렇게 오기까지에는 많은 우여곡절이 있었지만 우리들의 꿈이 현실로 바뀌고 여물어 가는 것에 행복을 느낍니다.

그동안 어려운 여건 속에서도 이만큼 성장하게된 것은 5,000독이 넘는 큰 장류업체를 만들고 관리하면서 얻은 지식과 경험이 토대가 되었고, 현재 '전통장 오가향'의 밑거름이 되었습니다. 장류업체를 관리하면서 터득한 장에 대한 이야기와 생산과정에서 겪은 이야기들을 틈틈이 글로 남겨 놓았는데 전통장에 관심이 있는 이들에게 조금의 도움이나마 되고자 발간을 결심하게 되었습니다. 욕심이겠지만 독자들로부터 많은 사랑을 받기를 기대해봅니다. 감사합니다.

2018년 가을 전통장 오가향

대표 권 현 구

제2부_ **죽장연 이야기**

제3부_ **부록**

제1부

장 이야기

1. 역사속의 장(醬)

장(醬)은 우리나라 음식문화의 뿌리이며, 우리민족의 정서와 지혜가 담겨 있다. 특히 우리민족은 국을 끓여 먹는 문화가 발달하여 채소로 만든 갖가지 나물, 고기도 장과 양념으로 반드시 조미하여 요리하였기 때문에 예로부터 우리 식탁에서 없어서는 안 될 조미료였다.

장(醬)이란 일반적으로 좁은 의미로는 간장을 말하며, 넓은 의미로는 간장, 된장, 고추장, 청국장을 모두 장류(醬類)라 한다.

장(醬)은 한국뿐만 아니라 중국, 일본에도 있다. 일본에는 일본식 된장인 '미소'가 있고, 중국에는 콩으로 만든 '황장'(黃醬)이 있다. 하지만 장은 우리민족에서 시작하여 중국, 일본에 전파되었다는 것이 역사 기록으로 남아있다. 중국에서는 고구려 사람들을 보고 발효식품을 잘 만든다고 하여 우리의 된장 냄새를 '고려취'(高麗臭)라고 불렀다고 한다. 또한 일본 된장인 '미소'

는 8세기 무렵 한국의 된장인 '미장'(未醬)이 일본으로 건너가 변형된 것으로 보고 있다. 일본에서는 처음에 된장을 '미소' 혹은 '고려장'이라고 불렀다고 하며 '미소'라는 발음도 우리나라의 '미장'(未醬)에서 유래했다고 본다. 이런 여러 가지 사실을 볼 때 우리나라는 장류의 본산지임을 알 수 있다. 그렇다면 우리 선조들은 언제부터 메주를 쑤고 장을 만들기 시작했을까. 장류의 유래에 대해 알아보자.

1. 된장의 유래

된장의 시작은 콩의 생산과 연계하여 생각할 수 있는데 콩의 원산지인 지금의 만주지역서 약 4,000년 전에 재배된 것으로 학자들은 추정한다. 중국의 역사 문헌인「삼국지 위지동이전」에 "고구려인은 장을 담고 술을 빚는 솜씨가 비상하다."라는 기록이 있고, 고구려 고분벽화에는 발효식품을 저장한 듯한 독이 그려져 있다. 이런 것을 볼 때 삼국시대 이전부터 메주를 쑤어 장을 담았던 것으로 추정한다.

우리 역사기록에 '메주'라는 말은 고려 인종(1145년) 때 김부식이 쓴「삼국사기」에 처음 나타난다. "신라 신문왕 3년(683년), 왕이 김흠운의 딸을 왕비로 삼을 때 예물로 보낸 품목에 메주인 '시'(豉, 메주시)를 보냈다."라는 내용이 나온다.

고려시대에는 현종, 문종 때 굶주리는 백성을 위한 구황식품으로 장을 배급하였고, 조선시대에는「구황섭요」등 여러 문헌에 된장 제조법이 상세히 기록되어 있는 것으로 보아 된장 제조 기술은 우리나라가 가장 발달했던 것으로 보인다.

2. 간장의 유래

간장의 '간'은 소금기의 짠맛(salty)을 의미하고, 된장의 '된'은 '되다

(hard)'의 뜻이 있다. 간장은 조선 순조 9년(1809년)에 편찬된 「규합총서」에 '지령'이라 표기되어 있고, 서울말로 '지럼'이라 하였는데, 그 어원은 아직 밝혀지지 않았으나 조선 중종 22년(1527년)에 편찬된 「훈몽자회」의 고어(古語)인 '간쟝'(醬油)과 함께 사용되어 온 말이다. 간장은 된장과 함께 생산되어지므로 역사기록에서도 된장과 함께 구분되지 않고 기록되어 있다.

간장의 맛이 없으면 그 해에 큰 재해가 온다고 할 만큼 간장 담그기는 우리 가정주부들의 큰 연중행사의 하나가 되어 왔으며, 그 집의 장맛으로 음식의 솜씨도 가늠하였다.

3. 고추장의 유래

고추장은 된장, 간장, 청국장에 비해 비교적 역사가 짧으며 오직 한국에만 존재하는 우리민족만의 조미료이다.

고추장의 재료인 고추는 임진왜란 무렵에 일본에서 들어왔던 것으로 보인다. 고추장에 대한 문헌기록은 조선 숙종(1715년) 때 홍만선이 쓴 「산림경제」에 처음으로 나오는데, "콩의 구수한 맛과 찹쌀의 단맛, 고춧가루의 매운맛과 된장의 짠맛이 조화를 이룬 식품"이라고 하였다.

한편 고추라는 이름은 조선 중종(1527년)때 최세진이 쓴 「훈몽자회」에 나오는데 "고(苦)가 지금은 쓴 맛을 가리키지만 여기서는 불꽃에서 탄다는 뜻을 가리키고 있으니 고추를 초(椒)에 고(苦)를 붙여 고초(苦椒)라 적고 고추라 하였다."라고 한다.

4. 청국장의 유래

청국장은 1,400년 전 고구려의 옛 영토인 지금의 만주 지방에서 콩을 삶아 말안장에 매달아 비상식량으로 사용하면서 시작되었다. 삶은 콩이 말안장 밑에서 말의 체온(37~40도)에 의해 자연 발효가 된 것이다.

문헌에는 조선 숙종(1715년)때 홍만선이 쓴 「산림경제」에 "전시(戰時)에 부식으로 시급히 단시간 제조 가능하여 붙여진 이름으로 '전국장'(戰國醬)이라고 하였다."라고 청국장에 대하여 기록하고 있다. 이런 사실로 볼 때 청국장은 삼국시대 이전부터 애용해 왔음을 알 수 있다.

장류의 주재료가 되는 콩의 재배흔적은 청동기시대 유적에서 나온다. 처음에는 콩을 삶거나 볶아서 먹다가 삶거나 쪄둔 콩에 끈적거리는 진이 생겨 먹어보니 독특한 맛이 있어 먹게 된 것이 청국장이 되었던 것으로 보인다. 그 이후 청국장을 저장하기 위해 소금을 첨가한 것이 지금의 된장이 된 것이고, 그 이후 분리한 것이 간장이 된 것으로 추정해 본다.

2. 장(醬) 문화

어떤 민족의 특성을 이야기 할 때 가장 중요하게 생각하는 것이 '말'과 '음식'이다. 우리 민족은 '한글'이라는 우수한 글을 가지고 있다. 그럼 음식은 무엇일까?

한국하면 떠오르는 음식은 '된장찌개', '김치'가 아닐까? 된장이나 김치는 모두 우리 민족이 수천 년간 이어온 우리만의 발효음식이라고 할 수 있다.

우리 조상들은 유목민족에서 출발하여 만주의 기름진 평야에서 농경민족으로 정착했다. 이때 찾아낸 작물이 '콩'이었다. 이때부터 콩을 재배하기 시작하였을 뿐만 아니라 가공하여 '된장'과 '간장'이란 세계적인 발효식품을 만들었다.

우리 조상들은 오직 콩과 소금물, 햇빛으로 만들어진 된장을 우리 식탁에서 없어서는 안되는 중요한 음식으로 여기면서 그 속에서 '오덕(五德)'이 있다고 믿었다.

된장의 다섯 가지 덕을 살펴보면,

첫째 단심(丹心)으로, 음식을 조리할 때 다른 음식과 재료를 섞어도 결코 된장 고유한 향미와 자기의 맛을 잃지 않는다.

둘째 항심(恒心)으로 오랜 세월이 흘러도 상하거나 변함이 없고 오히려 오래 묵을수록 그윽하고 깊은 맛을 낸다.

셋째 무심(無心)으로 비리고 기름진 냄새를 없애는 성질이 있다.

넷째 선심(善心)으로 매운맛이나 독한 맛을 부드럽게 해주는 성질이 있다.

다섯째 화심(和心)으로 어떤 음식과도 잘 어울리고 조화를 이룰 줄 아는 성질이 있다.

이렇게 다섯 가지(단심, 항심, 무심, 선심, 화심)가 된장의 五德이라고 한다. 오덕은 우리민족의 이미지와 너무나 잘 어울린다. 조선 백자처럼 화려하지는 않지만 은근한 아름다움이 있고, 꾸미지 않으면서도 수수한 멋이 있기 때문이다. 잘 익은 된장을 먹다 보면 이보다 더 어울리는 것이 없다는 생각이 든다.

음식문화는 곧 그 민족의 정신이라고 할 수 있다. 일제 강점기 시절 그들이 제일 먼저 우리에게 보급한 것이 공장된장과 간장이었다. 그것은 민족의 음식문화가 그만큼 중요하기 때문이었을 것이다.

3. 장(醬)의 종류

1. 된장의 종류

된장은 오늘날 대장(大醬), 황장(黃醬)이라고도 불린다. 된장은 물기가 적은, 점도가 높은장이라는 뜻이 되는데, 토장이라고도 하여 청장(간장)과 대조를 이룬다.

된장의 종류는 무엇을 첨가하느냐에 따라 이름이 달라지고 지역적 특성과 조건에 따라서도 맛이 달라지기 때문에 그 종류가 다양하다.

가. 첨가의 유무에 따른 분류

1) 막된장

일반적으로 현재 우리가 먹는 된장이다. 간장을 남겨두고 된장을 항아리에서 꺼내어 으깨어 간장과 버무리고 난 후 숙성시켜서 먹는다.

2) 막장

막 담가 먹었다고 해서 막장이라고 한다. 메줏가루와 밀, 보리, 멥쌀 등의 전분질에 소금물을 넣어 10일 동안 숙성시켜 먹는다. 발효가 빠르고 간이 연하여 1년 이상 저장하지는 못한다. 보리가 많이 생산되었던 남부지방에서 많이 담가 먹었던 장이다.

3) 토장

간장을 뽑지 않고 된장만 먹기 위해 담그는 장이다. 메주에 소금물을 알맞게 넣어 으깬 후 숙성시켜서 간장을 분리하지 않고 그대로 먹는다.

4) 즙장(집장)

간장, 된장, 고추장, 청국장 다음으로 많이 만들어 먹었던 장이다. 여름에 담가 먹었던 장으로 현재는 거의 담가 먹지 않는다. 즙장은 오랫동안 발효 시키는 것이 아니라 담가서 바로 먹는 속성장이다.

콩과 밀을 섞어 메주를 만들고 이것을 가루로 만들어 소금과 가지, 오이, 무, 고추, 배춧잎 등의 초가을 채소를 썰어 넣어 약 65도의 두엄더미 속에 약 2주일간 숙성시켜 두었다가 꺼내어 먹었다.

5) 생활장

콩과 누룩을 섞어 띄워서 담근 장이다.

6) 청태장

마르지 않은 생콩을 시루에 삶고 쪄서 떡모양으로 만들어 콩잎을 덮어서 만든다. 청태콩 메주를 뜨거운 장소에서 띄워 햇고추를 섞어 간을 맞춘다. 콩잎을 덮는 이유는 균주가 붙어서 분해를 용이하게 하기 위함이다.

7) 팥장

팥을 삶아 뭉쳐 띄워 콩에 섞어 담근다.

8) 두부장

사찰음식의 하나로 수분을 뺀 두부를 으깨어 간을 세게 하여 항아리에 넣었다가 꺼내어 참깨, 참기름, 고춧가루로 양념하여 베자루에 담아 다시 한번 묻어둔다. 한 달 후에 노란 빛이 나며 매우 맛이 있다. 대흥사의 두부장이 유명하다.

9) 지례장

메주를 빻아 무짠지 국물을 넣고 버무려 항아리에 담아 따뜻한 곳에서 익히는 방식이다.

일명 '지름장', '찌엄장'이라고 한다. 메주를 빻아 보통 김치국물을 넣어 익히면 맛이 좋다. 이 지례장은 삼삼하게 쪄서 밥 반찬으로 하며, '우선 지례먹는 장'이라 하여 지례장이라 하는 것이다.

10) 생치장

꿩으로 만든 장의 일종으로, 암꿩 3~4마리를 깨끗이 씻어서 삶아 껍질과 뼈는 버리고 살코기만 취하여 잘 다져 찧어서 진흙같이 만들어, 이것을 체로 받쳐 놓으면 아주 연하다. 여기에 초피가루와 생강즙과 장물로 간을 맞추어 볶아서 만드는데, 마르지도 질지도 않게 한다.

11) 비지장

두유를 짜고 남은 콩비지로 담근 장이다. 콩비지를 대강 볶아서 무명 쌀자루에 담아 하루 반 정도를 띄운 후 소금으로 간하여 삭힌다. 충분히 삭은 비지장은 뚝배기에 비지장과 함께 배추김치를 넣어 지져 먹으면 별미이다. 비지장은 더운 날에는 만들지 못하는 단점이 있다.

나. 지역에 따른 특수 된장

1) 무장(서울)

10월에 장메주를 쑬 때 약간 작게 만들어 먼저 띄워 항아리에 담고 물을 부어두면 2~3일 후에 물이 우러나고 동동 뜨게 된다. 그러면 이것을 소금으로 간을 하여 꼭 덮어두면 3-4일 후에 익게 되는데, 동치미무, 배, 차돌박이, 편육 등을 썰어서 넣어 먹는다.

2) 예산된장(충청도)

보리쌀과 콩을 섞어 메주를 쑤어 띄운다. 메주가 뜬 지 한 달 이상 지난 뒤 가루로 빻아 찹쌀밥을 해서 간장으로 간을 하여 함께 섞어 버무린다. 이것을 항아리에 담되, 절인 오이, 고추, 가지, 양지머리 삶아 건진 것, 마른 대하 등을 켜켜이 얹어가며 담는다. 그런 다음 뚜껑을 단단히 봉하여 말똥이나 퇴비더미 속에서 삭힌다.

3) 진양된장(경상도)

콩을 불려 삶다가 맷돌에 간 밀을 얹어 다시 푹 익혀서 주먹만하게 빚어 2~3일 동안 띄워 말린다. 이것을 가루로 만든 다음 찹쌀풀과 엿기름 삭힌 것을 합하여 가지, 오이, 무, 박, 우엉 등을 넣고 봉하여 볏짚이나 왕겨를 땐 잿더미 속에 묻어두고 짚을 때면서 익힌다.

4) 밀양된장(경상도)

콩을 삶다가 쌀가루와 밀가루를 섞어 뜸을 들인 뒤, 작은 주먹만하게 뭉쳐 띄워 말린다. 이것을 가루로 만들어 두었다가 필요한 때에 수시로 풋고추, 가지, 무, 다시마, 전복 등을 넣고 또 고춧가루, 마늘 등으로 양념하여 익혀 먹는다.

5) 거름장(경상도)

콩을 삶다가 보리를 섞어 익힌 뒤 메주를 만들어 뽕나무나 닥나무 잎을 덮어 띄운다. 이것을 말려 가루로 만든 다음 오이, 가지 등을 섞어 퇴비 속에 묻어 익힌다. 거름장이란 명칭은 이렇게 퇴비 속에 파묻어 익힌다고 하여 붙여진 것이다.

6) 나주된장(전라도)

누룩을 띄워 가루를 낸 뒤 찐찹쌀을 섞어 하룻밤 재운다. 여기에 가지, 오이, 고춧잎 등을 섞어 퇴비 속이나 왕겨불 속에 묻어 익힌다.

7) 전주된장(전라도)

찹쌀로 밥을 질척하게 지어 여기에 메줏가루와 엿기름가루를 섞고 또 고추, 가지, 무, 고춧잎 등의 채소를 넣어 아랫목에서 익혀먹는다.

8) 조피장(제주도)

조피 잎을 잘게 썰어 된장에 버무려 오지 그릇에 꼭꼭 눌러 담아 두었다가 이틀쯤 지난 뒤 먹는다.

2. 간장의 종류

간장은 콩과 소금을 주원료로 한다. 콩을 삶아 이것을 띄워 메주를 만들고, 메주를 소금물에 담가 발효시킨 후, 여액을 간장이라 하고, 나머지 찌꺼기를 된장이라 하였다.

가. 원료에 따른 분류

1) 조선간장(국간장)

조선간장은 다른 말로 전통간장이라고도 하며 일반 가정에서 만드는 간장이라서 '집간장'이라고도 부른다. 12월경에 콩을 원료로 한 메주를 쑤어 1달 이상 말리고 띄우는 동안 각종 미생물이 부착하게 된다. 메주, 소금, 물이 배합하여 콩 속의 각종 성분이 분해 · 발효 · 숙성되는 과정에서 독특한 맛과 향이 생성되며 간장과 된장에 함께 우려져 나온다. 간장이 되기까지 6개월 이상이 걸린다.

조선간장은 주로 국이나 찌개를 끓일 때 사용하여 '국간장'이라고도 한다. 맛이 짜면서 구수한 것이 특징이다.

2) 혼합간장(왜간장, 진간장)

혼합간장은 일제강점기 때 일본인들이 콩 단백질을 분해해 만든 아미노산액에다 간장 원액을 섞어 만드는 방법으로 대량생산한 간장이다. 혼합간장은 양조간장과 화학간장을 혼합한 것이며, 혼합 비율에 따라 품질의 차이가 나고 값도 틀려진다. 구입 시에는 상표나 표기사항을 잘 살펴 봐야한다. 혼합간장은 일본 사람들이 만들었다고 해서 '왜간장'이라고도 한다. 진간장이라고도 하는데, 조선간장보다 색과 향이 더 진하기 때문에 그렇게 불리었다. 결국 왜간장, 진간장, 혼합간장은 같은 말이다.

혼합간장은 약간 단맛이 나며 주로 무침이나 조림, 볶음에 사용한다.

그러니까 국 이외의 거의 모든 음식에 쓴다.

3) 양조간장(개량간장)

양조간장은 공장에서 만드는 간장으로 주원료인 삶은 콩에 볶은 밀과 누룩곰팡이를 순수 배양하여 만든 종국(몸에 이로운 곰팡이)을 섞어서 약 3일간 띄운 개량메주를 소금물에 담가 약 1개월 정도 발효 시킨 것이다. 양조간장은 주로 조림, 무침 등 일반적인 요리를 하거나 생선회를 찍어 먹는데 사용한다.

4) 화학간장(아미노산 간장, 산분해 간장)

콩 단백질을 짧은 시간(7일)에 분해하기 위해 효소 대신 산성물질을 사용하는 간장으로 가격이 저렴한 대신 풍미가 떨어지는 단점이 있다. 맛이나 향기는 좋지 않지만 값이 싼 장점이 있다.

탈지 콩가루, 밀, 글루텐 · 생선가루 등을 원료로 한다. 콩단백질을 염산으로 분해시켜 아미노산 액을 만들고, 소금으로 간을 맞추고 색과 맛, 향을 돋우기 위해 감미료, 캐러멜색소, 물엿 등을 첨가한 것이다.

나. 담근 햇수에 따른 분류

1) 묽은 간장

담근 햇수가 1~2년 정도 되어 맑고 색이 연하여 국 끓이는데 쓰인다.

2) 중간장

담근 햇수가 3~4년 정도 된 장으로 찌개나 나물을 무치는데 쓰인다.

3) 진간장

담근 햇수가 5년 이상 되어 맛이 달고 색이 진하여 구이, 찜, 조림, 약식 등에 사용한다.

3. 청국장의 종류

가. 청국장

청국장은 단기 숙성이 특징이며 전쟁 중에 군사들에게 많은 양의 된장을 조달할 수 없어 속성으로 만든 장이라 하여 청국장이라고도 하고, 청나라에서 전해졌다고 하여 청국장이라고도 한다. 청국장은 메주를 쑬 때처럼 삶지만, 삶은 콩을 볏짚과 함께 43도씨로 보온 장소에 2~3일 띄운다. 고추, 마늘, 생강, 소금으로 간을 하고 절구에 넣고 찧는다.

나. 담북장

담북장은 입춘 전에 맛보는 계절장으로 담수장이라고도 한다. 주먹 크기로 빚은 메주덩이를 곱게 빻아서 고춧가루를 알맞게 섞어 더운 물에 풀어 담그는 방식이다.

4. 장(醬)의 재료

맛있는 장과 맛이 없는 장을 구별하는데 있어서 장이 익어가는 자연 환경도 매우 중요하지만 얼마나 좋은 재료를 사용하였는가도 중요한 부문을 차지한다.

1. 전통장의 주재료는 콩, 물, 소금이다.

가. 콩

콩은 장의 주재료이며 장에서 가장 중요하다. 콩의 종류에는 여러 가지가 있지만 흔히 대두(大豆)라는 콩을 사용한다. 대두에도 품종과 재배시기, 색상, 크기에 따라 많은 종류가 있다.

이들 중에 주로 장류에 사용되는 콩은 흰색의 큰 콩인데 보통 백태라고 한다. 그 중 장원콩, 태광콩을 많이 사용한다.

메주콩은 알이 굵고 단단하며 윤기가 흐르는 것이 좋고, 삶았을 때 잘 무르고 단백질 함량이 높은 것이 좋다.

나. 물

장에는 50%의 물이 들어가기 때문에 물이 좋지 않으면 좋은 장맛이 나지 않는다. 물은 오염되지 않은 청정지역의 계곡물 중에 계곡 암반을 거치면서 내려온 지표수가 좋다. 하지만 현대에는 지표수가 오염될 가능성이 높아 사용하기가 적합하지가 않다. 따라서 장 담그는 주변에 오염원이 없고, 해발고도가 높은 곳의 지하 암반수가 적정하다고 본다.

물은 색다른 맛이 없고, 이상한 냄새가 나지 않아야 한다. 산성의 세기는 센물이 아닌 알칼리성이 좋다. 또한 투명하여 색깔이 없어야 한다. 기타 중금속 등 유해물질 함량은 당연히 수돗물 기준이하여야 하며, 특히 된장의 색에 영향을 주는 철분 성분은 없어야 한다.

소금의 종류에는 여러 가지가 있지만 전통장에 사용하는 것은 원수인 해수를 소금밭에 유입시켜 햇볕과 바람 등에 의해서 자연 건조시킨 천일염이다.

천일염은 우리나라 서해안 청정지역에서 햇볕이 가장 좋은 6월에 생산하여 3년간 간수를 뺀 것이 좋다. 우리나라 천일염은 다른 어느 나라 천일염보다 미네랄 함량이 많은 것으로 알려져 있다.

소금 맛이 좋아야만 장도 맛이 좋다. 좋은 소금은 입사가 고르고 간수가 빠진 것으로 손으로 쥐었을 때 손에 잘 붙지 않고 비비면 잘 부서진다. 그리고 끝 맛이 달다. 또한 빛깔이 하얗고 알갱이가 사각인 것이 좋다.

2. 부재료로는 대추, 숯, 고추, 볏짚이 있다.

가. 대추

옛날 어르신들은 대추의 붉은색이 잡귀를 물리친다는 의미에서 넣었다고 하는데 실은 장맛을 달게 하는 기능이 있다.

나. 숯

선조들은 숯은 장맛을 변하게 하는 잡귀를 숯 구멍에 가두어 장맛이 변하는 것을 막을 수 있다고 하여 넣었다고 하는데 실제는 숯이 나쁜 냄새 성분을 흡수하여 간장을 맑게 해준다.

다. 고추

고추도 고추의 붉은색이 잡귀를 쫓는다는 주술적인 의미가 있지만 실제로는 고추에 들어 있는 캡사이신 성분이 살균과 방부효과가 있어 장맛의 변질을 막아주기 때문에 넣는다.

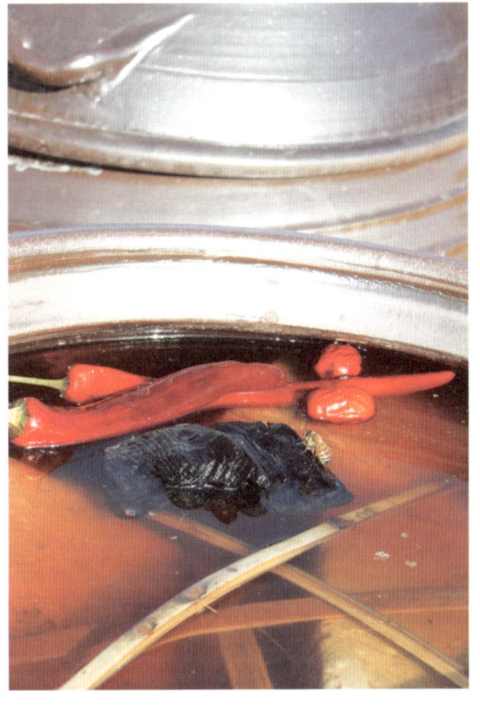

라. 볏짚

짚이 장의 맛을 결정하는데 중요한 고초균의 서식지이기 때문에 매우 중요한 재료이다. 따라서 유기농으로 재배한 짚으로 해야만 한다.

3. 재료 못지않게 중요한 장독

좋은 장맛을 내려면 적당히 숨을 쉬는 장독에 담가야 한다. 옛날에는 겉면에 소금기가 끼지 않으면 장독으로 쓰지 않고 물독으로 썼다고 한다. 이는 장독에 적당히 산소가 드나들고 원적외선이 발효에 영향을 주어야만 장맛이 달기 때문이다. 장독은 높이 70~90cm가 적당하며, 겨울에 구운 독으로 두드리면 쇳소리가 나고 가벼운 것이 좋다.

요즘은 현대식 방법으로 생산되는 독이 많지만, 자연 황토에 천연잿물을 바르고 전통가마에서 구워낸 숨 쉬는 재래식 항아리여야만 좋은 장맛을 낼 수가 있다. 장독대는 부엌과 가깝고 양지 바르고 바람이 잘 통하는 곳에 설치한다.

좋은 전통장을 만들려면 좋은 재료가 들어가는 것이 필수조건이다. 그리고 숨을 쉬는 장독 역시 중요하다. 여기에 덧붙여 자연조건이 따라주어야만 한다. 좋은 재료가 들어간 장에서 맛을 좌우하는 것은 신선한 바람과 맑은 공기, 풍부한 햇볕이다. 장을 담그는 장소는 주변에 수목이 우거져 공기가 맑은 청정지역이 좋으며 연중 휜바람, 골바람이 부는 곳이 좋다. 또한 일조 시간이 낮 시간의 80%이상 차지하는 곳이 좋다.

5. 된장 담그기의 기본 「메주 만들기…」

한국의 전통발효식품인 된장과 간장을 만들려면 먼저 콩과 물을 주 원료로 하는 메주를 만들어야만 한다.

메주 만들기는 농촌에서 추수를 모두 마치고 난 후인 음력 10월에서 11월 사이에 한다.

먼저 해콩을 구입하여 세척하고, 가마솥에 삶아 메주모양을 만들면 된다. 그러고 난 후 메주를 자연바람에 건조시키고 온돌방에 띄우면 장 담그기 준비가 완료된 것이다.

1. 메주 만드는 과정

가. 원료구입 및 콩 선별

국내산 굵은 해콩을 구입하여 돌이나, 이물질, 벌레 먹은 것과 파손된 콩을 골라낸다. 국내산 콩과 수입산을 구별하는 방법은 국내산은 알이 굵은 반면 수입산은 알이 작다는 것이다.

나. 콩 씻기

콩은 삶기 하루 전에 깨끗한 물로 깨끗이 씻은 후 인다. 이때 콩물에 거품이 나오지 않을 때까지 씻어야 한다. 콩을 씻는 것은 깨끗하게 하는 목적도 있지만 이물질이나 파손된 콩을 골라내는 것에도 목적이 있다.

콩을 씻은 뒤에는 콩불리기를 해야 한다. 깨끗하게 씻은 콩에다가 물을 콩의 3배가량 붓고 하루정도 불리면 콩이 물을 먹어 2배가량의 부피로 늘어나게 된다. 불린 콩은 물기가 빠지도록 대소쿠리에 밭쳐 놓는다.

다. 콩 삶기

콩의 삶긴 정도에 따라 장의 품질이 결정되기 때문에 콩을 삶을 때 특히 주의하여야 한다. 콩이 너무 삶기면 세포조직에 효소가 침투하기 좋은 상태로 풀어졌다가 다시 단단하게 되어 좋지 않다. 또한 덜 익혔을 경우에는 여러 가지 분해효소가 제대로 침투하지 못해 발효가 제대로 이루어지지 않는다. 이러한 메주로 장을 담그면 간장의 색이 맑지 못하고 제대로 우러나지 않아 품질이 떨어진다. 그렇기 때문에 콩 삶기는 메주 만들기 과정에서 가장 중요하다.

콩 삶는 순서로 첫 번째는 가마솥에 콩과 물 넣기이다. 가마솥에 불린 콩과 물을(대두 1말, 물 16리터) 넣는다.

두 번째는 끓이기이다. 장작을 이용하여 처음에는 센 불로, 콩물이 넘치지 않을 정도로 삶는다. 장작불을 지핀 후 약 40분에서 1시간정도 지나면 거품이 일어 끓어오르는데 이때 가마솥 뚜껑에 찬물을 끼얹어 넘침을 예방한다. 이때 뚜껑을 열면 설익을 수 있기 때문에 열어서는 안 된다.

세 번째로는 약한 불로 끓이기이다. 콩이 끓기 시작하면 센 장작불은 빼내어 불을 약하게 한다. 약 10분 동안 4~5번의 끓어 넘침과 찬물을 끼얹는 것이 반복된 후에 가마솥 입구의 문을 닫으면 본격적인 뜸 들이기가 시작된다. 이때 불이 너무 세면 눋고, 약하면 덜 삶아지기 때문에 불 맞추기가 가장 힘들다.

네 번째는 뜸 들이기이다. 뜸 들이기는 약 4시간 정도 계속한다. 뜸

을 들일 때는 가마솥 안에 물이 거의 없으므로 콩이 타지 않게 조심해야 한다.

뜸을 들이는 동안에 콩물이 넘치면 가마솥 뚜껑에 찬물을 붓고 가마솥 뚜껑과 그 주변을 젖은 행주로 깨끗이 닦아낸다. 그렇게 하는 것은 온도를 맞추어 콩물이 넘치지 않게 하기 위함이다. 그리고 콩물이 눌러 붙으면 탄내가 콩에 베일 수 있고 가마솥 주변 위생에도 좋지 않기 때문이다.

다섯 번째는 물기 빼기이다. 뜸을 들인 후 4시간 정도 지나면 콩이 익어 검누른 색이 되며 손가락으로 으깨면 그냥 힘없이 문질러진다. 뜸들이기가 완료된 콩은 대소쿠리에 건져 콩물을 빼준다.

라. 메주모양 만들기

콩이 뜨거울 때 절구나 분쇄기에 넣어 곱게 찧는다. 삶은 콩을 찧을 때는 완전히 분쇄하는 것이 아니라 콩이 중간 중간 보이게 보통 1/3 토막정도로 찧는다. 메주 틀에 베보자기를 깔고 그 위에 찧은 콩을 넣어서 네모 형태로 꼭꼭 눌러주어 단단하게 메주를 만든다. 이때 메주콩 1말(8kg)에 메주덩이 4개 정도가 나오게 만든다. 메주가 너무 크면 발효 중 내부가 부패할 위험이 있고 너무 작으면 된장이 되었을 때 느끼한 맛이 날 수 있기 때문에 적당한 크기로 만들어야 한다.

또한 메주를 만들 때 너무 과도한 힘으로 누르면 메주가 너무 단단하여 건조시 균열이 덜 생겨서 미생물이 메주 내부까지 들어가기 힘든 경우도 있다.

Tip

1. 메주를 꼭꼭 밟아서 만드는 이유

콩 단백질의 결속력을 높여서 미생물의 발효증식이 잘 되도록 하기 위함이다.

2. 메주를 홀수로 만드는 이유

음양설(陰陽說)에 따라 홀수는 양수(陽數)로 길(吉)하며, 짝수는 음수(陰數)로 흉(凶)한 것으로 믿었기 때문이다. 탑의 층수나 전통 한옥을 지을 때의 칸수, 축의금을 낼 때도 홀수가 대부분이다.

6. 메주 건조 및 발효시키기

메주에서 모양 만들기보다 더 중요한 것이 건조와 발효이다. 건조와 발효를 잘못 시키면 그해 장맛을 버리기 때문이다.

만약 실패를 하더라도 메주를 건조, 발효 시킬 때 관찰 일기를 쓰면 다음번에 할 때는 그 실패 확률을 줄일 수 있다. 메주의 변화를 관찰할 때는 메주의 색깔, 냄새, 촉감, 맛, 미생물의 모양 등의 상태를 확인하고 기록해보면 된다.

1. 메주 말리기

가. 1차 말리기

모양을 만든 메주는 유기농 짚을 깐 건조대에서 겉면의 수분이 어느 정도 없어져 꾸덕꾸덕해질 때까지 건조시킨다. 통풍이 잘 되는 서늘한 곳에 하루 정도 두면 알맞게 마른다.

나. 메주 매달기

알맞게 건조된 메주는 볏짚으로 X자 모양이 되게 묶어 햇볕이 잘 들고 바람이 잘 통하는 곳에 매단다. 볏짚은 마디 부분이 보이도록 정리하여 만든다. 볏짚의 마디에는 된장이 좋은 맛을 내는데 기여하는 고초균이 많이 분포되어 있지만 볏짚이 지저분하여 오염된 것이 있을 수 있기 때문이다.

다. 2차 말리기

건조대에 매어단 메주는 40일 동안 본격적으로 건조를 시킨다. 건조시 최적의 온도는 5도에서 10도, 습도는 40%정도까지 유지시키는 것이 좋다. 겉 표면이 마르지 않은 상태에서 발효가 되면 유해한 곰팡이가 번식할 수 있으니 건조시 유의하여야 한다.

이때 처음 일주일이 매우 중요하다. 통풍이 잘 되는 곳에서 건조시켜야 하며 특히 유해한 균이 침투하지 못하도록 청결하게 함은 물론 매일 주의 깊게 관리하여야 한다.

2. 발효시키기

가. 온돌방에 메주 쌓기

메줏덩이의 겉면이 꾸덕꾸덕하게 말랐으면 온돌방에 유기농 짚으로 만든 거적을 깔고 그 위에 놓는다. 메주 위에 다시 짚을 까는 방법으로 서로 붙지 않게 차곡차곡 층층이 쌓아 둔다. 온돌방에 약 14일간 정도 두면 곰팡이가 두루 덮인다. 이때 하얀 실 모양의 흰곰팡이나 노란곰팡이가 피는 것이 좋다.

나. 온도, 습도 조절하기

발효실의 온도는 처음에는 15도에서 20도 정도를 유지하고 어느 정도 발효가 되면 25도에서 30도의 높은 온도로 바짝 띄운다. 습도는 60%정도를 유지하는 것이 좋다.

온도가 지나치게 높거나 습기가 너무 많으면 잡균이 번식하여 장맛이 나빠지므로 주의하여야 한다. 특히 검은 머리카락 모양의 곰팡이가 발생하지 않도록 온도, 습도 조절을 잘 하여야 한다.

다. 메주 자리 바꾸기

3일마다 메주의 아래 위의 위치와 앞뒤를 바꾸어 주어 곰팡이가 골고루 피게 하여야 한다. 메주에 미생물이 너무 많이 자라게 되었을 경우에는 1년 뒤 된장 색상이 어두워지고 냄새가 심해진다. 반대로 미생물이 너무 자라지 못해 처음에 만든 메주와 별반 차이가 없을 경우에는 1년 뒤에도 맛이 없고 콩맛만 나는 된장이 될 수 있다.

라. 발효 완료

메주를 잘라 보았을 때 메주 속까지 황갈색의 곰팡이가 골고루 퍼져 있으면 발효가 완료되었다고 할 수 있다.

메주 발효상태는 메주 겉면으로 볼 때 흰곰팡이는 가장 좋은 균으로서 온도, 습도가 적당했다는 뜻이고 붉거나 노란곰팡이는 약간 미치지 못했다는 뜻이고 파란 곰팡이는 온도가 미약했고, 검은 곰팡이는 온도가 낮고 습도가 높아 발효보다는 부패한 것이라고 보아야 한다.

2. 발효시킨 메주 말리기

가. 발효메주 보관하기

알맞게 뜬 메주는 통풍이 잘 되는 곳에서 말린다. 발효가 잘 되어 잘 띄워진 메주는 흰색이면서 갈색 빛을 띠며, 흰 곰팡이가 겉으로 나온 것이 좋고 속은 황갈색이 좋다. 메주가 잘 띄워져야 장맛이 좋은데, 검은 색을 띤 것은 잡균이 부패를 일으킨 경우로 장을 담갔을 때 맛이 쓰고 짜다.

나. 장 담그기 준비

음력 정월이 되면 보관된 메주를 꺼내어 햇볕에 쬐어 말린다.

Tip

1. 메주를 볏짚에 매달아서 말리는 이유

볏짚을 엮어 메주를 말리는 과정에 구수함의 비결이 담겨 있다. 볏짚에는 고초균(바실러스, bacilus)이라는 미생물이 서식한다. 특히 볏짚 마디부문에 고초균이 다량으로 존재한다. 바로 이 미생물이 메주에 번식하여 우리 된장 고유의 구수한 맛을 내는 것이다.

2. 메주를 건조시킬 때 높게 매다는 이유

메주를 말릴 때 높이 매다는 이유는 공기가 잘 통하도록 하기 위함이다. 높이 매달면 바닥에서 올라오는 습기를 차단할 뿐만 아니라, 깨끗하고 더운 공기가 위로 올라와 곰팡이의 번식을 도와주므로 발효가 잘 된다.

3. 메주를 잘 띄우는 법

잘 띄우는 방법은 메주에 좋은 환경을 만들어 주는 것이다. 온도, 습도 조절이 잘 되지 않는 곳에서 띄우면 메주가 검게 변할 수 있다. 따라서 황토방에서 띄우면 온도와 습도가 최적으로 맞춰져서 가장 좋은 환경이라고 할 수 있다.

4. 좋은 메주 고르는 법

메주를 고를 때 어떤 것이 좋은지 장을 계속 담은 사람이 아니면 잘 모른다. 좋은 메주는 메주 겉이 단단하고 속은 말랑하며 2/3정도 띄워져야 한다. 손으로 눌러보았을 때 무르면 절대 사면 안 된다. 곰팡이는 눈이 내린 것처럼 흰곰팡이가 좋다. 그래서 색은 붉은 빛이 도는 흰색, 즉 밝은 갈색이 좋다.

7. 장 담그기

띄워진 메주를 잘 보관하고 있다가 음력 정월 말날이 되면 장을 담근다. 장은 저온 숙성이 되어야 좋기 때문에 정월에 담는 것이 좋다. 여름이면 비와 습한 날씨로 인해 장을 관리하는데 어려움이 있으므로 하루라도 더 추운 날 장 담그기를 하는 것이 좋다.

1. 장 담그는 과정

가. 메주 씻기

잘 띄운 메주는 흐르는 물에 솔을 이용하여 깨끗하게 씻어서 먼지와 유해한 곰팡이 등을 1차로 제거한다.

나. 메주 건조

잘 씻은 메주는 이틀쯤 햇볕에 바짝 말려 2차로 유해 미생물을 제거한다. 이것은 메주에 있는 곰팡이 독 제거과정이라 할 수 있다.

다. 소금물 준비하기

맛있는 된장이 되기 위해서는 깨끗한 물과 소금이 중요하다. 소금은 가을철에 미리 구입하여 소금 포대 밑에 막대기를 받쳐 간수를 저절로 빠지게 하거나 금이 간 옹기에 담아 간수를 빼면 된다.

장 담그기 하루 전에 2년 동안 간수를 뺀 천일염(굵은 소금)을 물에 잘 풀어 녹인 다음 불순물을 가라앉힌다.

라. 염도 맞추기

소금물의 염도는 지방에 따라 약간의 차이가 있는데 보통 18보메 정도로 염도기를 맞추며 염도기가 없을 때에는 생계란을 넣고 수면 위로 나오는 부분이 500원짜리 동전 크기 정도면 된다. 메주나 달걀이 가라앉으면 싱거운 상태이므로 소금을 더 풀어 넣어야 한다. 소금 농도가 너무 높으면 된장과 간장이 짜질 수 있고, 낮으면 이상발효를 할 수가 있다.

소금물의 양은 메주 1말(5.5kg~6kg)기준으로 25~30리터 정도가 필요하며 장독의 크기에 따라 양을 조절할 수 있다.

마. 장독 세척 및 소독하기

장독은 깨끗하게 씻어 마른수건으로 닦아 물기를 없앤 뒤 볏짚, 청솔가지, 한지 등을 태워 연기와 뜨거운 공기가 장독을 화염살균 하도록 한다. 장독에 볏짚을 태우는 것은 유해한 물질을 없애고 장독에 구멍이 있는지를 확인하기 위함이다.

바. 메주 넣기

깨끗하게 소독된 장독에다 물기가 빠진 메주를 차곡차곡 쌓는다. 이때 메주가 뜨지 않도록 최대한 끼이게 담아주며, 메주의 양은 장독의 2/3가 넘지 않는 것이 좋다.

사. 소금물 붓기

메주를 장독에 다 넣었으면 소독한 보자기나 체를 이용하여 녹인 소금물을 웃물만 떠서 장독에 붓는다. 풀어둔 소금물이 흔들리지 않게 살살 떠서 체에 걸러 메주 위에 부어주는데 이물질이 들어가지 않도록 한다. 이때 메주가 떴다가 가라앉으면 간이 싱거우므로 소금을 더 넣는다. 메주가 물 위로 1cm정도 떠오르면 적당하다. 소금물은 독에 가득 채운다.

아. 숯, 대추, 붉은 고추 넣기

장을 담근 후 이틀이 지나면 숯(4덩이), 대추(5개), 붉은 고추(7개)를 넣는다.

자. 대나무막대기로 메주 눌러주기

메주가 소금물 위로 떠오르면 좋지 않으므로 대나무 막대기를 X자로 눌러 떠오르지 않도록 한다.

차. 망사 씌우기

장독 입구는 삼베나 모시로 망을 씌워 이물질이 들어가지 않게 하면 장 담그기가 끝난다. 장 담그기가 끝나면 햇볕이 좋은 날은 장독 뚜껑을 열어 볕을 쪼여준다. 대략 40~60일 정도 숙성 시키면 된장과 간장 가르기를 할 수 있다.

Tip

1. 전통장은 언제 담그나

좋은 장맛을 내려면 제 때 담그는 것이 중요하다. 우리 조상들은 음력 11월경 입동을 전후로 메주를 쑤고 추위가 풀리기 전인 이른 봄에 장을 담가 왔다. 장을 담그는 시기는 음력 정월에서 3월 삼짇날 사이가 좋다. 주로 정월에 담가야 세균 감염이 적어 변질이 되지 않고 온도가 상승하면서 잘 숙성되어 특유의 맛이 생겨난다.

2. 장 담글 때 금기사항

우리 조상들은 '장맛이 변하면 집안이 망할 징조'라고 여길 정도로 장맛 관리에 정성을 기울였다. 옛날 여인네들은 장 담그기 사흘 전부터 외출을 삼가고 부정이 타지 않도록 언행과 몸가짐을 특별히 조심해야 했다. 동물이나 미물을 해치지 않으며 부부관계도 삼가고, 특히 부정한 사람의 근접을 막았다. 장을 담그는 당일에는 목욕재개하고 메주 한 덩이, 소금, 고추 등을 소반에 차려 놓고 고사를 지냈다.

3. 장을 담글 때 왜 숯을 넣을까?

우리 선조들은 장을 담글 때 반드시 숯을 넣어 발효시켰다. 숯의 역할은 장맛을 변하게 하는 잡귀를 숯 구멍에 가둔다는 주술적인 의미가 있지만 과학적인 지혜도 있다.

실제로 숯은 흡착효과와 살균효과가 있어 발효를 돕고 부패를 막아 주는 역할을 한다. 숯에는 수많은 작은 구멍이 있는데, 자연 속의 유익한 미생물이 여기에 자리를 잡아 잘 발효되도록 도와준다. 또한 냄새와 독성분을 없애주며, 숯의 미네랄이 충분히 녹아들어 더 좋아지는 것이다.

4. 2~3년 동안 소금을 묵히는 이유

소금 속에 있는 간수(염소 성분)를 침전시킴으로써 된장에 쓴맛이 나지 않도록 한다.

8. 장 가르기

장 가르기는 말 그대로 된장과 간장을 분리하는 것이다. 메주를 담그고 40~60일 정도의 숙성기간이 지나면 메줏덩어리와 간장을 분리한다. 장독에 담근 메주를 건져내서 으깨 버무리면 된장이 되는 것이고 남은 것은 간장이 된다.

1. 장 가르기 과정

가. 된장 만들기

1) 대나무 막대기, 숯, 고추, 대추 건져내기

먼저 장독에 넣어둔 대나무 막대기, 숯, 고추, 대추 등을 건져낸다.

2) 메주 건져내기

소금물에 불린 메주를 건져낸다. 이때 메주가 부서지거나 흩어지지 않도록 조심한다.

3) 메주 치대기

건져낸 메주는 고무장갑을 끼지 않은 손으로 으깨면서 간혹 나오는 불순물을 일일이 골라낸다.

4) 된장독에 담기

손으로 으깬 메주에다 메주가루를 넣어 고루 치댄다. 이때 간장을 부어 질게 한 다음 장독 안에 공기층이 없도록 손으로 탁탁 치면서 꼭꼭 눌러 담는다. 메주 4장(콩 1말)에 0.36킬로그램 분량의 메주가루를 섞어주면 더욱 맛있는 된장 맛을 낼 수 있다.

7) 뚜껑 열어주기

된장을 담근 지 사흘 후부터는 햇볕이 좋을 때 뚜껑을 열어 볕을 쪼이고 해가 지면 뚜껑을 닫으면서 발효를 시켜준다. 이렇게 여섯 달 정도 숙성시켜 된장을 만든다.

나. 간장 만들기

1) 간장 분리하기

메주를 건져내고 남은 찌꺼기는 고운체나 베보자기를 받쳐 걸러서 간장을 분리시킨다.

2) 간장 가열하기

분리된 간장을 날간장이라고 하는데 이것을 가마솥에 붓고 가열하여 달인다. 약한 불에서 1시간에서 2시간 정도 끓이고 이때 생기는 거품은 걷어 내야 한다.

달이지 않은 날간장은 맛과 향이 떨어지고 각종 효소나 미생물이 남아 있어 저장성이 좋지 않다. 간장을 달이는 주목적은 살균의 효과와 간장 중에 있는 고형물의 침전효과, 이취를 제거하고 화학적인 재조합에 의해 향미를 증진시키는 효과가 있기 때문이다.

요즘에는 달이지 않는 간장을 선호하는 경향도 있는데 달이지 않는 간장은 생간장이라고 한다. 아미노산, 유기당, 유기산 등 수용성 영양분이 그대로 포함되어 있다. 달이고 달이지 않고는 개인의 기호에 맞게 하면 될 것이다.

3) 달인 간장 장독에 저장하기

달인 간장을 완전히 식힌 후 장독에 붓고 저장한다. 햇볕이 좋고 통풍이 잘되는 곳에서 발효, 숙성이 잘 되도록 관리하면 된다.

4) 망사 씌우기

작업이 끝나면 항아리 입구를 망사로 씌워서 햇볕이 좋을 때는 뚜껑을 열어 볕을 쪼이고 해가 지면 뚜껑을 닫으면서 여섯 달 정도 숙성시켜 간장을 만든다.

장 담그기를 한 메주를 치대면 바로 먹을 수는 있지만 아직 미숙성 상태이기 때문에 발효를 더 해야 맛있는 된장, 간장이 될 수 있다. 덜 숙성된 된장과 간장은 짠맛이 많이 느껴지고 향미도 모자란다.

Tip

1. 된장은 장독 어느 정도까지 담아야 하나?

된장은 장독에 넣을 때 가득 채우지 말고 20~30%의 여유를 두고 담아야 한다.

장이 익기 시작하면 된장이 장독 위로 부글거리며 솟았다가 가라앉기 때문에 여유를 두고 담아야 한다.

2. 담근 장에 하얀색 곰팡이가 뜨는데 이것은 나쁜 것인가?

하얀색 곰팡이는 다른 말로 박꽃, 메밀꽃이라고도 하는데 하얀 꽃이 피면 된장이나 간장이 맛있다고 한다.

3. 장을 담근 후 장 가르기까지의 기간은 같은가?

장을 담근 지 50일이 지나면 장 가르기를 하는데 시기, 기온에 따라 조금씩 다르다. 정월장은 50~70일, 2월장은 40~60일, 3월장은 30~50일 정도가 지나면 장 가르기를 할 수 있다. 날이 따뜻해질수록 발효기간이 짧다.

4. 된장 농도는 어느 정도가 적당한가?

메주를 버무릴 때 농도는 장물로 잘 조절한다. 된장에 장물이 많으면 된장이 질어진다. 된장에 장물이 적으면 여름의 뜨거운 햇살 때문에 된장이 마른다. 따라서 된장을 너무 빡빡하게 하지 말고 간장을 넣어 조금 흥건하게 해야, 햇볕에 익힐 때 졸아들어도 딱딱하게 굳지 않는다. 그러면 위에 덧소금을 치지 않아도 곰팡이가 생기지 않는다. 또한 햇볕에 두고 발효시켰을 때 속이 노란 된장으로 익는다. 윗부분을 자주 뒤적여 주면 곰팡이가 슬지 않는다.

9. 장독 관리하기

장은 메주 쑤기와 장 담그기도 중요하지만 보관과 관리를 잘 해야 맛있게 먹을 수 있다.

옛날에는 한 집의 음식 맛이 장독관리에서 시작되었다. 그것은 우리의 음식문화인 된장, 간장, 고추장, 김치가 모든 음식의 기초가 되었기 때문이다. 그래서 장독관리가 제대로 되지 않으면 음식이 맛있을 수

없었고 따라서 장독대를 소중하게 생각하고 깨끗하게 관리하였다.

보통 장독은 볕 바르고 바람이 잘 통하는 곳에 두었고 음식을 만드는 부엌과 가까운 곳에 장독대를 만들었다. 또한 벌레가 꼬이지 않도록 마당보다 높게 단을 쌓아 만들고 장독대 뒤쪽에는 큰 독을 한 줄로 놓고 그 앞에는 작은 중두리를 놓고 그 앞에는 항아리를 줄지어 놓았다. 큰 독에는 주로 간장을 담고 중두리에는 된장, 막장을, 항아리에는 고추장을 담았다.

장독대는 가정에서 가장 신성한 곳으로 생각했기 때문에 장독도 가지런히 예쁘게, 질서정연하게 놓아 균형을 맞추었다. 장독대 근처에는 나무를 심지 않았는데 이것은 나무 그늘이 지는 것을 두려워했기 때문이다.

혹여 우리 선조들은 장맛을 잃을까 하여 장독 주변을 언제나 정갈하게 하고 매일 깨끗이 닦아 장독에 윤이 반들반들하게 나도록 간수하였다.

1. 장독 관리하기

가. 된장 위에 소금 뿌려주기

된장 위에는 소금을 1cm 두께로 덮어주어 곰팡이가 발생하지 않도록 한다. 곰팡이가 발생하면 외관이 흉할 뿐 아니라 맛이 변하고 불쾌한 냄새가 날 수 있다. 그러므로 소금과 함께 햇볕을 쪼여 주어 곰팡이가 발생하지 않도록 해야 한다. 그러나 소금을 뿌린 상층부가 너무 짤 수 있으므로 얇은 비닐을 깔고 소금을 덮어두는 것도 좋다.

나. 무명천으로 장독입구 막고, 고무줄로 묶기

된장, 간장 가르기가 끝나면 장독입구에 파리나 벌레들의 접근을 막고 이물질, 먼지가 들어가지 않게 광목이나 한지를 여유 있게 잘라 씌우고 고무줄 끈으로 묶어 고정해 놓는다.

묵은장보다 햇장에 파리가 더 달려들기 때문에 햇장독에 대해서는 매일 관심을 가지고 관찰을 해주어야 한다.

다. 장독에 금줄치기

옛날에는 장 가르기를 한 후 짚으로 새끼를 꼬아 청솔가지, 붉은 고추, 숯 등을 함께 매날아 장독 어깨에 메어 놓았다. 이것은 모두 잡귀를 막기 위한 것이었다.

고추의 붉은 색과 청솔가지의 푸른색, 흰색 등은 양색이며 이 가운데 붉은색과 푸른색은 양색 가운데 제일이다. 이 두 가지는 잡귀가 싫어

하는 색으로 잡귀가 가까이 오는 것을 막아 장맛이 변하지 않게 한다는 벽사의 의미가 담겨 있다. 또 버선본을 종이에 대고 오려 독에 거꾸로 붙여 놓기도 하는데 이는 장맛이 변했더라도 다시 제 맛으로 돌아오라는 뜻과 장을 더럽히는 귀신이 버선 속으로 들어가 나오지 못하게 한다는 뜻을 지니고 있다.

장독대는 이처럼 신성한 곳이므로 관리자 외에는 출입을 삼가고 된장을 손가락으로 찍어 맛보아서는 절대 안 된다.

라. 장독 뚜껑 열어주기

장을 가른 지 사흘쯤 지나 햇볕이 좋으면 장독 뚜껑을 열어 주어 햇볕을 쪼여준다. 이는 유해 미생물을 제거하고 유익한 미생물의 증식을 향상시켜 발효에 도움을 주기 위해서이다. 비 오는 날이나 흐린 날에는 장독뚜껑을 열면 안 된다. 장독 안에 물이 들어가면 장맛이 변하기 때문이다.

마. 행주로 장독 닦아주기

시간이 있을 때마다 아침저녁으로 장독 표면을 깨끗이 닦아주어야 한다. 장독대 청소를 할 때 호스를 가지고 물을 뿌리는 경우가 있는데 장은 빗물이나 물이 들어가면 그 맛이 변하기 때문에 반드시 행주를 꼭 짜서 장독 주변을 닦아 내는 방법으로 청소해야 한다.

10. 고추장 담기

고추장은 가을에 담는 것이 좋다. 고추장을 봄이 아닌 가을에 담는 이유는 날씨 때문이다. 아무래도 봄에는 날씨가 따뜻하여 고추장이 발효과정에 부글부글 괴서 부풀어 오르고 잘못하면 맛을 버릴 수 있다. 가을에 담으면 겨울을 지나면서 저온에 발효되어 날씨가 더워져도 위로 올라오지 않고 제대로 자리를 잡는다. 안심하며 햇볕이 좋은 날 고추장 항아리 뚜껑만 열어주면 된다. 그리고 잘 익어서 맛도 좋다.

고추장 담기 과정은 재료준비, 호화, 혼합, 담금, 숙성 순서를 거친다.

1. 고추장 만들기 과정

가. 재료 준비

1) 찹쌀고추장을 담그는데 필요한 재료(엿기름, 찹쌀가루, 메줏가루, 고춧가루, 천일염, 소주)를 준비한다.

① 고추 꼭지를 따서 깨끗이 한 후 곱게 가루로 빻는다.

② 찹쌀을 깨끗이 씻어서 물에 12시간 정도 불려 가루로 빻는다.

③ 메주를 곱게 빻아 메줏가루로 만든다.

④ 엿기름, 천일염, 소주를 준비한다.

나. 호화

1) 가마솥에 물 넣기

물을 가마솥에 채운다. 이때 물의 양은 찹쌀가루의 4배 정도로 한다.

2) 엿기름 우려내기

엿기름을 면 자루에 담아 미지근한 물에 불린 후 손으로 주물러서 엿기름물은 가라앉히고 건더기는 꼭 짜서 버린다. 고추장의 단맛을 높이려면 엿기름을 많이 하면 된다.

3) 찹쌀가루 넣기

엿기름물의 맑은 웃물만을 가마솥에 따라 붓고 찹쌀가루를 곱게 풀어 넣는다.

4) 장작불로 끓이기

찹쌀가루가 어느 정도 풀어지면 6시간 정도 장작불로 팔팔 끓여준다. 이때 찹쌀가루가 가마솥에 눌어붙지 않도록 불 조절을 하고 나무주걱으로 계속해서 저어주어야 한다.

5) 졸이기

찹쌀가루와 엿기름물이 어느 정도 묽어지면 젓는 것을 멈추고 불을 약하게 하여 졸인다. 엿기름은 많이 졸일수록 고추장에 곰팡이가 생기지 않는다.

6) 식히기

하루쯤 식힌다.

다. 혼합

1) 메줏가루 및 고춧가루 넣기

졸여서 식힌 찹쌀가루와 엿기름물에 고춧가루, 메줏가루, 천일염을 넣어 잘 저어준다. 이때 너무 묽지 않게 농도를 맞추고, 뭉치는 것이 없도록 잘 풀어주어야 한다.

혼합비율은 찹쌀가루 100 : 고춧가루 30~35 : 메줏가루 20~25 : 소금 20~25 정도로 한다.

2) 천일염으로 간 맞추기

고춧가루가 뭉치지 않고 잘 풀렸으면 굵은 천일염으로 간을 맞춰준다. 신중하게 간을 맞춘다.

3) 섞어주기

하루에 한 번씩, 주걱으로 위아래 섞어주기를 1주일쯤 한다. 저어주기 전 소주를 넣는다. 소주 넣기는 잡냄새와 소독차원의 처방이다.

라. 담금

1) 소독 및 담기

항아리는 잘 소독하여 고추장을 항아리의 8부 정도 넣은 후, 위에 천일염을 엷게 뿌리고 얇은 헝겊이나 망사를 씌워둔다.

마. 숙성

맑은 날은 항아리 뚜껑을 열어 햇볕에 잘 쪼여가면서 6개월간 숙성시킨다.

고추장은 한국고유전통 발효식품이다. 재래식 제조방법을 보면 각 가정마다 일치하지 않으며 그 제조법이 과학적으로 연구되지 못하였다. 따라서 원료의 배합비율이나 만드는 조건이 조금씩 다를 수 있다.

2. 고추장 관리

가. 고추장을 항아리에 담고 하루 후 뚜껑을 덮는다.

간장이나 된장은 담근 후 바로 항아리 뚜껑을 덮어 두었다가 3~4일쯤 후에 날씨가 좋은 날을 택해 볕을 쬐기 시작하지만, 고추장은 하룻

밤 김이 나가게 두었다가 다음날 항아리 뚜껑을 덮는다. 고추장은 익힌 재료를 바로 혼합한 것이어서 곧 바로 덮어버리면 더운 김이 완전히 빠지지 않아 습기가 찬다.

나. 고추장 항아리는 입이 좁은 것을 고른다.

고추장 항아리는 되도록 입이 좁은 것을 고른다. 고추장이 공기에 노출되면 색이 검어지고 맛도 나빠지기 때문이다.

다. 고추장이 끓어 넘칠 때는 소금을 뿌려주거나 햇볕을 쪼여준다.

고추장이 부글부글 끓어올라 넘칠 때는 소금을 더 뿌려 주거나 항아리 뚜껑을 열어 햇볕을 쪼이면 없어진다. 고추장이 끓어오르는 이유는 싱겁거나 물이 들어가서 변질이 되었기 때문이다.

라. 여름철에는 가끔 햇볕을 쬐어주어 습기가 차지 않도록 한다.

고추장을 항아리에 담은 후에도 얼마 동안은 계속 저어 주는 것이 잘 익게 하는 방법이며, 끓어오르는 것을 방지하고 간도 고루 맞출 수 있는 비결이다. 특히 여름철에는 고추장에 곰팡이가 피기 쉬우므로 망사나 거즈로 항아리를 덮어서 가끔 햇볕을 쬐어주고, 장마철에는 반드시 웃소금을 얹고 습기가 차지 않도록 주의하여 관리하여야한다.

11. 청국장 만들기

청국장은 오랜 시간 발효, 숙성되어 만들어지는 된장과는 달리, 금방 먹을 수 있어 영양적인 면에서나 경제적인 면에서도 아주 효율이 높은 콩 발효식품이다.

청국장은 같은 콩 발효식품인 된장과는 만드는 방법이 다르다. 된장은 소금을 사용하며 담그는 기간이 1년 이상 걸리는 반면 청국장은 소금을 전혀 쓰지 않으며 2~3일 안에 발효할 수 있는 속성 장이다. 또 된장의 맛은 짜면서 은근하지만 청국장은 질박하면서 거칠고, 냄새도 강하다.

오늘 날 청국장이라 불리는 제품은 과거에는 전시장 또는 전국장이란 이름으로 〈증보산림경제〉에 기록되어 있고 그 제법이 설명되어 있다. 청국장은 다이어트, 변비, 고혈압, 고지혈증, 당뇨, 골다공증, 피부노화방지에 좋은 식품이어서 요즘 젊은이들에게도 인기다.

청국장은 콩 씻기부터 콩 삶기, 발효, 파쇄 과정을 거쳐 만들어진다.

1. 청국장 만들기 과정

가. 재료 준비

1) 청국장 만들기에 필요한 콩을 준비한다. 콩은 윤기 나는 백태로 선택하여 고른다.

2) 소쿠리, 망사, 광목, 담요도 준비한다.

나. 콩 씻기

콩을 물에 쏟아서 떠오르는 것은 버리고 거품이 일어나지 않을 때까지 깨끗이 씻어 조리로 인다.

다. 가마솥에 콩 넣기

깨끗하게 씻어 인 콩과 콩의 2배 정도의 물을 가마솥에 넣는다. 물은 콩이 푹 잠길 정도로 부어주어야 한다. 하지만 너무 많으면 콩의 영양이 물로 빠져 버리고 적으면 콩이 눋게 되어서 잘 조절하여야 한다.

라. 콩 삶기

센 불로 1시간 끓인 후, 약한 불로 4시간 정도 뜸을 들인다. 콩의 삶긴 정도는 손가락으로 으깨어질 만큼 푹 물러야한다. 콩의 색이 연한 갈색이 될 때까지 삶아야 한다. 그 다음 소쿠리에 건져 콩물을 빼준다.

마. 뜸판에 삶은 콩 넣기

소쿠리에 망사를 깔고 삶은 콩을 붓는다. 그 위에 깨끗한 짚을 3개 정도 올려놓는다. 볏짚내의 균주가 삶은 콩으로 이동하여 콩을 발효시키게 된다. 이때 삶은 콩의 두께는 5cm가 넘으면 안 된다. 두께가 너무 두꺼우면 우점균의 침투가 힘들고, 얇으면 너무 건조되기 때문에 5cm가 적당하다.

바. 삶은 콩 식히기

소쿠리에 담은 콩은 섭씨 60°로 식힌다. 절대로 뜨거운 콩을 그대로 띄우면 안 된다.

사. 콩 띄우기

1) 김이 다 날아갈 정도로 콩이 식혀지면 청국장 발효실에 옮겨 놓는다. 푹 삶은 콩을 담은 소쿠리 위에 광목천을 소쿠리가 보이지 않도록 덮어준 후, 담요를 덮어준다. 청국장 발효실의 상태는 3시간마다 체크(냄새, 온도, 습도, 산소)한다.

2). 바닥에서 올라오는 열과 청국장 자체에서 나오는 발열온도가 있는데 바닥 온도는 여름에는 섭씨 5도, 봄, 가을엔 섭씨 10도, 겨울에는 섭씨 15도 정도로 날씨에 맞게 조절한다.

청국장 내부의 자체 온도는 섭씨 40도에서 45도 정도로 유지되도록 해준다. 청국장의 온도가 섭씨 43도를 넘어가면 산소 공급을 해주기 위해 창문을 열어 환기시켜 주어야 한다. 특히 청국장은 특유의 구수한 냄새가 나야 좋은 청국장이 되어 가는 것이고, 시큼한 냄새가 나면 현재 미생물이 활동을 하지 못한다는 것이므로 산소를 공급해주어야 한다. 두께가 두꺼울수록 발열온도가 많이 나고 청국장에 좋은 우점균이 충분히 활동하지 못하여 좋은 청국장이 되지 못한다.

3) 습도는 80% 정도를 유지하여야 한다. 습도가 너무 높으면 환풍기를 틀어 조절한다. 이때 습도가 너무 낮으면 청국장이 말라 건조해지기 때문에 좋은 청국장이 되지 못한다.

아. 완료

1) 발효실에 넣은 후 36~40시간 정도 지나면 콩의 표면이 발효되어 갈색이 진해지고 하얀 실이 생기게 된다. 나무주걱으로 쓱쓱 문질러보면 청국장 실이 쭉쭉 일어난다. 끈끈한 실이 많이 생기면 발효실에서 끄집어내어 식힌다. 너무 오래두면 콩이 쉬어 먹을 수 없다.

2) 발효실에서 내어온 콩을 절구에 넣어 찧으면 청국장이 다 된 것이다. 청국장은 콩이 덜 으깨어진 것이 식감이 좋고 훨씬 구수하다.(1/2정도 찧은 것이 적당하다.)

3) 완성된 청국장을 꺼내어 비닐에 담아 냉동실에 넣어두고 그때그때 필요한 만큼 꺼내어 청국장찌개를 끓여 먹으면 된다.

자. 완료 후 청소

청국장은 잡균이 들어가면 상하므로 완료된 후에는 망사, 광목, 소쿠리, 담요를 약간 따뜻한 물에 씻는다. 그런 다음 햇볕에 말려 소독하여 다시 사용하여야 한다.

Tip

1. 좋은 청국장은?

삶은 콩을 볏짚으로 싸서 따뜻한 방안에 약 3일간 두면 볏짚에 있었던 고초균이나 납두균의 발육으로 점질물이 생기게 되면서 특유한 냄새가 난다. 이것을 파쇄 하여 먹는 것이 청국장이다. 볏짚에 부착되어 있는 고초균의 활성이 강할수록 청국장의 맛이 좋다. 청국장의 냄새는 온화해야 하고 고린 냄새나 썩은 냄새가 나지 않아야 한다. 쓴맛이 나는 것은 발효온도가 적절하지 않기 때문이다. 색깔은 황색을 띠는 것이 좋고 시간이 오래 경과될수록 품질이 나빠지므로 만든 후 되도록 빨리 먹는 것이 좋다.

2. 청국장 & 낫또 차이점은?

우리나라의 청국장과 유사한 낫또는 일본의 대표적인 두류 발효식품이다. 청국장은 삶은 콩에 볏짚을 조금 넣거나 그대로 자연발효 시키지만, 낫또는 낫또균을 인공적으로 접종해 발효시킨다는 점에서 차이가 난다. 낫또의 발효에 이용되는 발효균은 세균의 일종인 바실러스 스브틸리스계의 바실러스 낫토 즉 납두균인데, 이 균은 생육 조건에서 비오틴(수용성)을 요구한다는 점이 다르다.

청국장은 삶은 콩을 일정한 온도에 두면 바실러스균이 자라나 콩 단백질을 분해시켜 만든다. 이때 세균의 일종인 고초균이 자라면서 전분 분해 효소, 단백질 분해 효소 등의 효소를 분비하기 때문에 소화가 잘 되고 맛도 좋으며 영양가도 높아진다. 청국장의 혈전용해능력이 낫또에 비해 3~4배 이상 높다고 하였다.

우리나라의 청국장은 발효시킨 다음 소금, 파, 마늘, 고춧가루 등으로 양념을 해 보관해 두고 먹지만 낫또는 이런 양념을 하지 않는 것이 특징이다. 우리는 주로 찌개로 먹는데 비해, 일본 사람들은 낫또를 생선회나 김말이 등에 곁들여 생으로 먹는다.

12. 고추장과 된장의 효능

된장, 고추장은 한식의 맛을 좌우하지만 그에 못지않게 우리 몸에 좋은 효능을 가지고 있다.

1. 고추장의 효능

고추장은 발효 저장식품으로서 조미, 향신 두 가지 용도로 사용된다. 고추장에는 단백질, 지방, 비타민 B2, 비타민 C, 카로틴 등과 같이 우리 몸에 유익한 영양성분이 많이 함유되어 있다.

가. 소화촉진

고추장은 메주로부터 유래된 고활성의 전분 분해효소와 단백질 분해효소의 작용으로 소화를 촉진시켜준다.

나. 비만방지

고추장은 비만방지에 효과가 있다. 이는 고추의 매운맛을 내는 캡사이신 성분이 체지방을 감소시켜주고 메주와 숙성 때 생긴 성분이 체지방을 태워주어 다이어트에 좋다.

다. 냄새제거

고추장은 생선의 비린내를 가시게 하고 채소의 풋냄새를 없애는데 효과적이다.

라. 항암효과

베타카로틴, 비타민 C가 다량 함유된 고춧가루는 항돌연변이 및 항암작용을 한다. 고추장을 많이 먹는 우리나라 사람들이 대부분 항암능력이 높다고 한다.

마. 식욕증진

고추장의 매운맛은 입맛이 없을 때 식욕을 돋우는 효능이 있다.

바. 노폐물 배설

고추장의 미생물이 정장작용을 하고 매운맛을 내는 캡사이신이 몸밖으로 땀을 내어 노폐물의 배설을 촉진하므로 감기 등 각종 질병 예방에 도움을 준다.

사. 혈액순환

고춧가루는 위를 건강하게 하는 효능이 있고 피부를 자극해 혈액순환을 돕는다. 고추장을 이용한 음식을 만들 때 고춧가루를 첨가하면 혈액순환을 더욱 원활하게 촉진할 수 있다.

2. 된장의 효능

된장에는 양질의 식물성 단백질이 다량 함유되어 있으며 비타민 B1, 비타민B2, 비타민C 등이 함유되어 있다.

가. 항암효과

된장은 발효식품 가운데서도 항암효과가 탁월할 뿐만 아니라 암세포 성장을 억제시키는 효과가 있다.

나. 뇌기능 향상 및 치매예방

된장에는 레시닌 성분이 다량 함유되어 있어 뇌기능을 향상시켜주고 치매예방에도 도움을 준다.

다. 피부미용에 효과

된장에 들어있는 유리리놀산 성분이 색소의 합성을 막아주고 피부병 예방 및 주근깨, 기미를 없애준다.

라. 골다공증 예방에 탁월

된장에 들어있는 이소플라본 성분이 뼈의 재흡수를 막아주고 뼈를 형성하는 역할을 한다.

마. 변비에 효과

된장은 식이섬유가 풍부해서 장운동과 신진대사를 원활하게 해주기 때문에 변비에 매우 좋다.

바. 고혈압 예방 효과

된장에 함유되어 있는 히스타민-류신 아미노산은 단백질의 생리 활성이 뛰어나 두통을 경감시키고, 혈압을 저하시키면서 고혈압에 효험이 있으며, 콜레스테롤을 제거해줌으로써 혈관을 탄력 있게 해준다.

사. 간 기능 강화

된장은 간을 튼튼하게 하여 우리 몸이 나쁜 바이러스와 싸울 수 있는 힘을 준다. 또한 간 독성 지표인 전이효소의 활성을 떨어뜨려 간 기능을 강화시켜준다.

아. 당뇨 개선

멜라노이딘 성분이 인슐린의 분비를 원활하게 하여 당뇨를 개선한다.

위에서 살펴보았듯이 고추장과 된장은 우리 몸에 좋은 많은 영양성분과 효능을 가지고 있다. 많이 먹고 건강하게, 오래, 행복하게 살아보자.

13. 간장의 효능

간장 맛이 좋아야 음식 맛을 낼 수 있다고 하여 간장은 옛날부터 식생활에 중요한 조미료였다. 입맛이 없을 때 간장에 찍어 먹는 밥은 아주 맛이 좋다. 우리가 간단하게 먹는 이 간장에도 여러 가지 종류가 있고 효능이 있다.

우리가 흔히들 마트에서 사서 먹는 양조간장은 세균을 접종하여 짧은 발효기간에 효율적인 생산 공정에 의해서 얻어지며, 필요에 따라 산분해간장 등이 첨가되기도 한다. 이러한 간장들은 간장을 만드는 과정에서 영양분들이 빠져나가지만 콩만 들어간 메주로 만드는 조선간장은 효능이 많은 것으로 알려져 있다.

1. 유산균과 단백질 공급

전통간장은 효모균, 납두균 같은 유산균이 풍부하고 단백질과 아미노산 및 염분을 함유하고 있어 우리 몸에 영양공급을 풍부하게 해준다.

2. 혈관 불순물 제거에 도움

전통간장은 혈관에 있는 불순물을 제거해 주어 혈액순환에 큰 도움을 준다. 또한 비타민의 체내합성을 촉진해주는 효능도 있다.

3. 유해물질 제거에 도움

간장 속에 있는 메티오닌 성분이 유해물질 제거에 도움을 준다. 술을 마시거나 담배를 자주 피는 사람들은 알코올 해독작용이 있어 미용에도 효과적이다. 또 오래된 간장은 암세포까지 없애주는 효과도 있다.

4. 갈증, 통증 해소

갈증이 심할 때 물에 간장을 약간 타서 마시면 해소된다. 또한 뜨거운 기름으로 인해 화상을 입었을 때에 화상 부위에 간장을 발라주면 통증이 가라앉는다.

5. 음식 고유의 맛을 살려주는 효과

음식의 맛을 살려주는 것이 간장이다. 간장은 음식 본연의 맛을 살려주기 때문에 제철음식 요리에 꼭 필요한 양념이다.

14. 청국장이 몸에 좋은 이유

청국장은 메주콩을 가마솥에 삶아 적당한 온도에서 발효시킨 건강식품이다.

무르게 익힌 메주콩을 따뜻한 곳에 두면 막대기 모양의 바실러스 균이 나와 번식하게 된다. 바실러스 균이 번식할 때 단백질 분해효소가 만들어지게 되는데 이 효소는 콩 속의 단백질을 아미노산으로 분해한다. 이러한 발효를 거치게 되면 청국장이 되는데 그냥 메주콩일 때보다 몸 안에서 흡수가 훨씬 잘 된다.

아미노산은 한 번 더 분해되면서 암모니아 가스가 생성되는데 이 가스가 청국장 특유의 냄새를 만든다. 이 냄새 때문에 젊은 사람들은 청국장을 꺼리는 경우도 있는데 이 암모니아 가스야말로 잡균의 증식을 억제하는 유익한 성분이다.

1. 청국장이 몸에 좋은 이유

가. 부작용 없는 비만 해결사

청국장에는 비타민 B1, B2, B6, B12 등의 비타민과 칼슘, 포타슘 등의 미네랄이 풍부한데, 이러한 비타민과 미네랄의 도움으로 인체의 신진대사가 촉진되어 비만을 막아준다. 레시틴과 사포닌도 과도한 지방을 흡수하여 배출한다.

나. 암을 막는 탁월한 항암식품

청국장에는 제니스테인이라는 물질이 풍부한데, 제니스테인은 청국장의 발효 과정 중 콩으로부터 분리되어진 항산화 성분이다. 이 물질은 유방암, 결장암, 직장암, 위암, 폐암, 전립선암 등에 효능이 있는 것으로 밝혀졌다.

사포닌 또한 암 예방에 큰 역할을 하며, 파이틱산, 트립신 억제제 같은 항암물질도 들어 있다.

다. 뇌졸중(중풍) 치료 · 예방제

청국장에 들어 있는 레시틴과 단백질 분해효소는 혈관을 막고 있는 혈전이나 콜레스테롤을 녹여내는 효과가 탁월하므로 뇌졸중의 치료와 예방에 최선책이 될 수 있다.

라. 치매를 막아주는 역할

청국장에 있는 레시틴이 분해되면 콜린이란 물질이 생성되는데, 이 콜린이 치매 환자에게 부족한 아세틸콜린이라는 신경전달물질의 양을 늘리는데 중요한 역할을 한다.

마. 당뇨병을 다스리는 천연 인슐린

청국장은 당뇨병 예방과 치료를 돕는다. 포도당이 에너지로 활용되도록 하는 호르몬인 인슐린의 분비를 원활하게 하면 당뇨병을 치료할 수 있다.

바. 고혈압을 다스리는 천연 혈압강하제

청국장은 고혈압에 효과가 있다. 청국장이 발효되면서 바실러스 균에 의해 수많은 아미노산 조각들이 만들어지는데 이 조각들이 고혈압을 일으키는 주요 인자인 안지오텐신의 활성을 방해하여 혈압을 낮추게 한다.

사. 간 기능 개선 및 숙취 해소제

청국장에 풍부하게 들어 있는 비타민 B2는 알코올 분해를 촉진시켜 간의 기능을 좋게 하며, 아미노산들도 숙취 해소에 도움이 된다.

아. 변비와 설사를 동시에 해결하는 천연 정장제

청국장은 바실러스균에 의한 정장 효과가 뛰어나 설사를 방지해줄 뿐만 아니라 변비 또한 개선시켜 준다. 섬유질도 다른 식품보다 5배 이상 많고, 사포닌도 함유하고 있어 변비 개선에 도움을 준다.

자. 피부 노화를 막아주는 뛰어난 피부미용제

청국장에 있는 레시틴은 내장에 있는 독소들을 청소할 뿐만 아니라 노화로 인해 피부가 쭈글쭈글하게 되는 것을 방지해준다. 피부에 좋은 비타민 E와 비타민 B군도 많다.

차. 골다공증을 예방하는 천연 칼슘제

청국장은 100g에 칼슘이 90mg이나 들어 있는 고칼슘 식품이다. 칼슘은 양질의 단백질과 같이 섭취하면 흡수율이 높아지는데, 청국장에는 양질의 단백질과 비타민 K, 제니스테인 또한 풍부하여 칼슘의 인체 흡수율을 높여준다.

카. 심장병 & 돌연사 예방제

심장병과 돌연사는 심장에 산소와 영양을 공급하는 관상동맥이 혈전(피떡)으로 인해 막힐 경우 발생한다.

청국장에 있는 바실러스 단백질 분해효소는 심장 혈관에 존재할 수 있는 혈전을 녹여주는 역할을 한다.

타. 빈혈을 막아주는 천연 조혈제

청국장에는 100g당 3.3mg의 철분이 들어 있을 뿐만 아니라, 악성빈혈을 막아주는 비타민 B12도 함께 있어 빈혈 예방에 도움이 된다.

파. 먹는 천연 무좀약

청국장에는 피부병 예방과 치료에 관계있는 비타민 B2와 B6가 풍부할 뿐만 아니라 리놀레산, 리놀렌산 등의 불포화 지방산 또한 풍부하여 무좀을 비롯한 각종 피부병과 피부미용에 좋은 효과를 보인다.

하. 남성의 기를 살리는 천연의 비아그라

청국장은 정력에 좋다. 아미노산의 일종인 아르기닌과 레시틴은 남성의 정액을 이루는 성분이다. 아르기닌 아미노산은 체내에서 일산화질소가 된다. 일산화질소는 음경의 혈류를 개선시키는 성분으로 비아그라의 주재료이기도 하다.

청국장은 최근 성인병 예방에 탁월한 효능이 알려지면서 많은 사람들에게 인기 있는 식품으로 각광을 받고 있다.

청국장은 주로 찌개로 끓여 먹는다. 그러나 청국장에 열을 가하면 미생물과 효소가 죽기 때문에 생으로 먹는 것이 가장 좋다. 청국장의 효과를 극대화시키려면 하루에 한두 숟가락씩 생청국장을 떠먹는 것이 가장 좋다. 청국장은 부작용이 없어 생청국장에 배추김치나 백김치를 곁들여 먹으면 냄새도 줄이고 이상적인 건강식이 될 수 있다.

제2부

죽장연 이야기

1. 시간과 노력, 그리고 맛… 메주 쑤기

상사마을 길모퉁이 돌아서면 메주콩 삶는 구수한 냄새가 난다. 가던 길 멈추고 콩 삶는 냄새에 잠시 취해보자. 누구에게나 어릴 적 고향집이 떠오를 것이다. 아궁이 앞에서는 불 지피는 어머니의 두 볼이 빨갛게 달아오르고 시꺼먼 가마솥이 눈물을 줄줄 흘리는 모습이.

가을걷이가 끝나기 무섭게 상사리에도 찬바람이 찾아왔다. 영하 15도를 오르내리는 추위가 대지를 얼렸다. '竹長然'의 멍멍이들도 추위에 벌벌 떨고, 고스톱을 즐기는 마을 어르신들의 마실 나오는 모습도 사라졌다. 이쯤 되면 날씨에게 혹독한 겨울이라는 이름을 달아줘도 무방할

것이다. 이럴 때는 이불을 뒤집어쓰고 집안에 있는 게 제격이다. 하지만 아직 이곳에는 끝나지 않은 일이 있으니 바로 메주 쑤기다.

메주를 쑤기 위해서는 먼저 메주콩 중에서도 가을 햇볕에 잘 영근 해콩을 준비해야한다. '키'를 살짝 기울여 흔들면 알이 굵고 잘 여문 콩들이 먼저 내려온다. 요즘은 기계가 키를 대신해주어 일손을 덜어주기도 하지만.

오늘은 죽장연의 메주 쑤는 날. 겨울 중에서도 가장 맑은 날을 잡아 마을 주민들이 정성들여 키운 메주콩으로 메주를 쑨다. 주민들과 함께 하는 작업장에는 오랜만에 모인 이유인지 마치 잔칫집과 같은 흥겨움이 감돈다.

어제는 한 알 한 알 정성들여 고른 콩을 깨끗한 물에 씻어 불려놓았다. 무쇠 가마솥에 장작불을 지펴 콩을 삶는 것은 메주콩 특유의 깊고 고소한 맛을 살려주기 위해서다. 오전 9시, 짚으로 깨끗이 닦아낸 가마솥에 잘 불린 콩을 넣었다. 순식간에 콩으로 가득 찬 가마솥이 한 송이의 노란 꽃이 되었다. 열여섯 개의 노란 꽃이 활짝 피면 물을 부었다. 물의 양 조절이 무엇보다 중요하기 때문에 주걱에 그려진 눈금만큼 신중하게.

아궁이에 불을 지피는 일은 아무나 할 수 있는 게 아니다. 너무 센 불은 콩을 솥바닥에 눌어붙게 할 수 있고, 약한 불은 콩을 완전히 무르도록 푹 삶아내지 못하기 때문에 불 관리는 베테랑들만이 할 수 있다. 콩을 삶는 내내 불 앞을 지키며 정성을 들여야만 한다. 하지만 이곳에서는 걱정하지 않아도 된다. 오랫동안 콩을 삶아 본 분들이라서 능숙한

솜씨로 불을 다룰 수 있기 때문이다.

아궁이의 불은 누구도 흉내 낼 수 없는 아름다운 색을 만들며 활활 타오른다. 한참을 들여다보고 있으면 마치 누군가 빨간 물감을 쉼 없이 뿜어내며 농도를 조절하고 있는 것 같다. 정신없이 일하다 보니 담 너머에는 함박눈이 폴폴 내리고 있다. 그새 소복소복 쌓여가는 것도 몰랐다.

주민들이 불을 보며 콩을 삶고 있는 동안 밖으로 나와 눈을 치웠다. 아무리 아름다운 눈이라도 밟아서 얼어붙으면 겨울 내내 녹지도 않고 차가 미끄럼을 타게 하고 사람들은 엉덩방아를 찧게 만든다. 쌓이기 전에 치워야 하는 지혜를 몇 년째 함께하는 상사리의 추위가 가르쳐준 것이다.

눈을 치우고 돌아오니 주민들이 둘러앉아 무언가를 먹고 있다.

"뭐하세요?"

"어머, 들켰네. 우리끼리 먹을라캤는데, 호호호. 부장님, 이거 드셔

보이소."

김이 모락모락 나는 군고구마를 하나 건넨다. 아궁이에 던져 놓았던 고구마가 구워졌던 모양이다. 노란 속살을 입에 넣으니 달콤한 꿀처럼 입안에서 녹아내린다. 옛날 메주 쑤던 날 형들과 아궁이 앞에 앉아 군고구마 하나를 들고 호호 불며 서로 더 먹겠다고 싸웠던 기억이 바로 엊그제처럼 장작의 불꽃 따라 생생하게 피어오른다.

메주를 쑤던 날은 세상에서 제일 맛있는 고구마를 덤으로 맛보는 날이었다. 까만 가마솥에 메주콩을 하나 가득 붓고 불을 때면 콩 익는 냄새가 솥뚜껑을 밀며 새어나왔다. 새빨간 불이 타오르는 것을 지켜보다가 잘 익은 군고구마 하나를 들고 싸우는 동안 콩은 알맞게 익어갔다. 더 먹고 싶어서 입맛을 다시고 있으면 솥뚜껑이 열리고 구수한 냄새가 콧속으로 밀려들어왔다. 어머니는 우리의 마음을 아는지 그릇에 뜨끈뜨끈한 콩을 한 그릇 가득 퍼주셨다. 그새 사이좋아진 우리 형제, 호호 불며 푹 물러진 메주콩을 먹으며 세상에 부러울 것이 없는 행복을 느꼈다.

어머니는 잘 삶아진 메주콩을 절구통에 넣어 찧고 우리들은 찧어진 콩을 메주틀에 담아 밟았다. 아버지는 메주 형태를 만들어 볏짚으로 묶고 시렁에 마르기 좋게 주렁주렁 매달았다. 그때의 메주 쑤는 풍경이 한 편의 지나간 영화처럼 떠오른다.

밖엔 소리 없이 눈이 내리고 콩 익는 냄새는 살짝 눈을 감고 음미하지 않고는 배길 수 없으리만큼 구수하다. 오후 5시가 훌쩍 넘어 콩 삶

기를 마쳤다.

“이제 뚜껑을 엽니다.”

뜨거운 김 사이로 보이는 옅은 갈색의 콩이 탐스럽다. 동시에 쏟아져 나오는 진한 메주콩 냄새는 뿌연 김과 함께 증숙실을 가득 메운다. 7시간이 넘는 노력이 만든 결실이다. 하얀 김과 함께 잠시 모습을 감추었던 주민들의 얼굴이 방긋 웃음 지으며 나타난다. 만족스럽게 익었다는 뜻일 것이다.

잘 삶아진 콩을 으깨고, 메주를 만들었다. 네모반듯하게 만들어진 메주를 보고 주민들은 ‘예쁘다’고 말했다. 메주라 하면 못생긴 것의 상징인데 수고 끝에 만난 메주는 예쁘기만 하단다. 주민들의 손길은 콩을 찧고 다듬는다고 더 이상 감탄사를 연발할 틈도 주지 않는다.

메주는 너무 크거나 두꺼우면 마르는데 시간이 많이 걸리고 쓸데없는 곰팡이가 생기기 쉽다. 가운데가 평평하고 얇아야 균이 잘 번식돼서 골고루 맛이 드는 잘 쑨 메주가 된다. 그래서 우리 나름의 적당한 크기를 찾아 정성들여 다듬었다.

이제는 어제 만들어 꾸덕꾸덕하게 마른 메주를 엮어 매어야 한다. 메주에 좋은 균이 많이 번질 수 있도록 짚으로 만든 각시를 십자 모양으로 튼튼하게 매어 건조대에 단다. 메주콩은 이제 메주로 업그레이드되어 신분이 상승한 셈이다. 하지만 아직 갈 길이 멀다. 건조도 하고 발효도 하고 남은 일이 더 많다.

메주 쑤기 작업을 끝내니 해는 이미 서산으로 넘어가고 주위에 어둠이 내려앉았다. 하루 종일 메주콩과 씨름하던 주민들은 서둘러 집으로 발길을 돌렸다. 갑자기 북적되던 작업장에 정적이 감돈다.

'우리가 이것을 다 만들었구나!'

혼자 서서 주렁주렁 매달린 메주를 보고 있으니 자식을 보는 듯 뿌듯하다. 어떻게 이처럼 사랑스러울 수 있을까! 주민들이 예쁘다고 한 말이 가슴 깊이 와 닿는다. 이제 이 메주는 우리의 바람대로 오랜 기다림을 거쳐 깊은 맛으로 거듭날 것이다.

2. 고향의 그리움과 어머니의 냄새가 담긴 설날 선물 준비하기

번잡한 도회지를 벗어나 '竹長然 장원'에 접어들면 길 양옆 숲에서는 맑은 바람이 일고 '죽장연 전시장'인 초가집에는 고드름이 대롱대롱 달려 마음을 설레게 한다. 새해를 맞고 신년 기분이 가라앉을 만하면 또 설 명절이 기다리고 있어 한껏 마음이 들뜬다. 특히 '竹長然 장원'은 마음을 담은 설 선물 판매를 위한 준비로 부산하게 움직이게 된다.

주민들과 함께 위생복을 입고 장독대로 올라갔다. 마치 하얀 학 한 무리가 날갯짓 하며 장독대에 내려앉는 것 같다. 아름다운 풍경의 감상도 잠시이고 120kg짜리 된장독과 고추장독을 손수레에 들어 올려서 끌고 내려와야 된다. 장독대로 향하는 발걸음은 학처럼 가볍지만 찬바람이 귀 주위를 휘휘 불어 대고 여러 사람이 함께 들어도 무게가 만만찮은 장독을 수레에 실을 때는 농사일에 이골이 나신 분들도 모두 힘들어한다. 이곳 생활에 어느 정도 익숙해졌다고 자부하던 나도 지난주에는 장독을 들다가 담이 생겨 고생하였다. 작년에는 눈도 많이 오지 않고 한낮에 햇살 좋을 때 작업을 해서 별로 추운 줄 몰랐는데 올해는 정말로 춥다. 하지만 누군가 해야 될 일이기 때문에 모두들 묵묵히 하고 있다. 이런 추위에서도 별말 없이 열심히 일하는 모습이 아름답지 않을 수 없다.

이젠 본격적인 1차 포장을 해야 한다. 된장독에 담겨진 된장을 퍼내어 대형 스테인리스통에 담는다. 알맞게 익은 노란 된장이 고향집이 생각날 만큼 구수하게 퍼진다. 아주머니들이 이리저리 치대어 골고루 섞었다. 모든 일이 힘으로 하는 일이라서 여간 고된 게 아니다. 상사리의 맑고 신선한 바람과 따뜻한 볕을 담아 맛있게 익은 된장이 그나마

위로가 된다. 고추장도 가을날의 홍옥보다 더 빨갛게 잘 익었다.

이젠 작업준비가 다 되었다. 용기에 담아 저울에 다는 사람, 실링지를 덮고 뚜껑을 닫는 사람, 뚜껑이 안 열리게 수축작업을 하는 사람으로 나누어 일을 시작하였다. 한두 개 하는 작업이 아니라서 어느 것 하나 쉬운 일이 없다. 마치 손기계가 쉴 새 없이 돌아가는 듯하다. 한참을 하고 나니 목도 마르고 어깨도 아프다. 역시 우리는 기계가 아닌가보다. 마침맞게 떡과 음료수가 참으로 도착했다. 모두들 표정이 밝아진다. 뭐니 뭐니 해도 힘든 일 다음에 오는 휴식시간이 최고인가 보다.

참을 먹고 나서 2차 포장작업을 시작했다. 된장, 고추장이 담긴 용기를 닦는 사람, 유효기간이 찍힌 스티커를 부착하는 사람, 빈티지 년산

표시를 붙이는 사람, 면사포를 씌워 고무줄로 고정하는 사람으로 나누어 작업을 했다. 면사포까지 쓰면 시집갈 준비가 다 된 것이다. 신랑은 어디서 기다리고 있을꼬. 된장 고추장이 이렇게 예쁘게 단장하고 있는데……. 일은 많고 많은데 하루는 너무나 짧다.

점심식사 후 3차 포장작업인 박스 포장을 시작했다. 먼저 박스 모양 만드는 사람, 박스를 들기 쉽게 하기 위해 박스 옆에 줄을 끼우는 사람, 속지를 넣는 사람, 된장을 넣는 사람, 고추장을 넣는 사람이 나누어 작업을 했다.

일은 해도 해도 끝이 없다. 중참 후에 힘든 시간을 조금이나마 덜까 싶어 신입사원에게 노래를 시켰더니 주저 없이 부른다.

"내가 필요할 때 나를 불러줘. 언제든지 달려갈게. 낮에도 좋아, 밤에도 좋아. 언제든지 달려갈게……."

아주머니들이 난리가 났다. 어깨를 들썩이며 춤을 추고 노래를 같이 부르며 웃음꽃을 피웠다. 잠시지만 피로를 푸는 시간이 되었고 힘든 작업 속에서도 모두가 하나 됨을 느꼈다.

어린 시절, 설날에 온 가족이 모이면 아이들은 어른들 앞에서 재롱잔치를 열었다. 노래를 해보라고 하면 서로 하지 않으려고 뺐는데 지금 세대들은 말나오기 무섭게 멋들어지게 부르니 세대의 차이인지 세월의 차이인지 모르겠다. 하기야 설날의 풍속도도 많이 바뀌었다. 흰 가래떡을 뽑기 위해 방앗간에 길게 줄서 있었던 기억, 음식을 나누어 먹기 위해 쟁반에 담아 친지 집에 들고 가던 일, 선물보따리를 들고 고향에 가기 위해 버스터미널에서 줄을 서서 기다리던 모습들은 추억 속의 광경으로 사라졌다.

갈 길이 먼데 옛날 생각을 할 때가 아니다. 이젠 마지막 작업인 택배작업이다. 택배용 상자를 만들고, 파손되지 않게 사방에 스티로폼을 고정시켰다. 제품을 넣고 택배 상자에 테이프를 붙인다. 모든 제품이 맛을 유지하기 위한 항아리와 유리병이기 때문에 파손주의 스티커까지 꼼꼼히 붙여야 한다. 택배용지까지 붙이면 모든 준비가 끝난다. 한숨 돌릴 사이도 없이 완성된 제품을 차량에 옮기고 적재를 한다. 택배 시간을 맞추어야 하기 때문이다. 정신없이 하다 보니 어느새 해가 저물었다.

이제 장원에 어둠이 완전히 내려앉았다. 긴 세월을 담으며 장독대에 있던 된장과 고추장이 평소 고마운 분들에게 선물로 가게 될 제품으로 만들어져 떠났다. 예전에는 고향의 부모님이 해준 된장, 고추장을 차 트렁크에 싣고 오는 것이 설 풍속도였지만 이젠 그런 맛을 챙겨줄 부모님이 떠난 집도 많게 되었다. '죽장연' 가족들은 고향의 어머니가 싸주시던 그 맛과 정성으로 제품을 만들고 포장하였다.

멀리 사라져 가는 차 뒤편으로 구수한 장향과 어머니의 냄새가 코끝에 다가와 머문다.

3. 그 멋진 겨울의 어느 날 고추장 담그는 풍경

어제 오후부터 내리기 시작한 눈은 밤새 소복하게 내려앉아 '竹長然'으로 들어오는 길목을 곱게 단장해놓았다. 장독대에 놓여 있는 항아리 뚜껑에도 양털 옷을 입힌 양 새하얗게 앉아있다.

옛날 우리 고향 예천에서는 고추장을 꼬이장이라고 불렀는데 특히 우리 어머니가 담근 꼬이장이 맛있었다. 지금 생각해보면 그 이유가 따로 있었다. 유난히 조청을 오래 달이시던 어머니, 조청을 다른 집에 비해 오래 고아서 그 맛이 달짝지근하였기 때문이라고 짐작된다.

오늘은 고추장을 담기로 한 날이다. 영하 20도를 오르내리는 날씨지만 맛좋은 고추장을 담글 수 있는 계절이기에 늦출 수가 없다.

눈이 많이 와서 죽장면에서 상사리로 넘어오는 옻재길은 미끄러웠다. 새로 닦여져서 꼭두방재를 넘는 것보다 훨씬 거리가 줄어들었지만 겨울만큼은 별 도움이 되지 못하는 길이다. 거의 산 정상을 통과하는 옻재길은 구불구불한 구간과 군데군데 낭떠러지가 있어 조금만 눈이 와도 통행이 어려워진다. 하지만 기다리고 있을 상사리주민들을 생각하며 위험을 무릅쓰고 옻재길로 넘어왔다. 집사람이 알았다면 필히 잔소리를 했겠지.

옻재길 덕분(?)에 내가 먼저 도착했다. 식당에서 모닝커피를 준비하고 있으니 아주머니들이 삼삼오오 수다를 떨며 들어선다. 인사하는 얼굴들이 반갑기 그지없다. 이런 정경이 좋아 포항에서 멀고 먼 길이지만 기쁜 마음으로 달려오곤 한다.

위생가운을 갈아입고 위생장화를 신은 아주머니들은 손에 고무장갑을 끼고 증숙실로 모였다. 누가 말하지 않아도 몇 번의 작업을 해보았기에 할 일을 찾아서 자리를 잡는다.

고추장의 맛을 결정하는 것은 매운맛, 짠맛, 단맛, 구수한 맛의 네 가지이다. 고추장의 매운맛을 책임지는 것은 고추이며, 단맛은 엿기름에 당화된 곡물, 구수한 맛은 찹쌀, 짠맛을 내는 것은 소금의 몫이다. 어떤 음식이든 재료가 좋아야 맛도 좋기 때문에 전날 미리 좋은 재료로 준비해 놓았다. 고추장의 주재료는 고춧가루, 메줏가루, 찹쌀가루, 엿기름,

소금, 조청이다.

먼저 엿기름을 자루에 담아 가마솥에 부어 놓은 물에 담고 손으로 빨래하듯이 주물럭주물럭 문질렀다. 뽀얀 엿기름물이 자루의 좁은 틈새를 빠져나와 까만 솥을 우윳빛으로 채운다. 한 방울의 엿기름물이라도 버리기 아까워 엿기름 자루를 채에 받쳐 꼭꼭 짠다. 어느새 가마솥 안에는 고추장을 알맞게 삭혀줄 엿기름물이 가득하다.

엿기름물에 찹쌀가루를 풀어 장작불을 피운다. 미지근해진 엿기름물은 찹쌀가루를 알맞게 삭혀준다. 그리고는 힘든 작업이 시작된다. 엿기름물이 70% 정도까지 졸아지도록 불을 때며 나무주걱으로 저어준다. 아주머니들은 끓어 넘칠까봐 화장실에도 못가고 열심히 저었다. 이래서 정성이라는 말이 나오는지도 모르겠다. 나도 직접 주걱으로 저으며 일을 거든다. 해봐야 그 일을 속속들이 알게 되는 법, 옆에서 보는 것은 쉽고 재미있어 보인다. 손에 주걱이 들려지고 직접 하다보면 고추장이 그냥 나오는 것이 아니라는 것을 금세 알게 된다. 고추장 맛에

나의 정성도 한몫 하겠지 하는 마음으로 열심히 저었다.

이제는 조청을 넣어야 할 때다. 어제 만들어 놓은 조청을 끓는 물에 넣어 30분을 더 달이니 주걱에 그려놓은 선만큼 내려왔다. 이제는 잘 달여진 물을 퍼서 식힌다. 한 숨 돌릴 수 있는 때다.

아주머니 한 분이 아침 일찍 떡방앗간에 가서 가래떡을 만들어 왔다며 먹어보란다.

"왠 가래떡이고?"

"우리가 만든 조청이 생각나서 안 해왔나."

"역시 센스쟁이!"

한 분이 웃으며 찍어 먹어본다.

"아이고야, 우리가 만들어노이 맛이 기막히네."

"글케, 우리 실력이 최고 아이가."

모두들 길쭉한 가래떡 하나씩을 손에 들고 조청을 찍는다고 수선스럽다. 역시 음식은 여러 사람이 나눠 먹어야 제맛인가 보다. 아주머니들의 입담까지 가세해서 그 맛은 배가 된다.

아무리 우리의 음식인 가래떡일지라도 음료로는 따뜻한 커피가 빠질 수 없다. 건네받은 커피 한잔에서 솔솔 풍겨 올라오는 향기가 코끝을 간지럼 태운다. 지금, 유난히 커피 맛이 좋다. 커피는 적당히 습기가 있는 날, 향과 맛이 더 있다고 한다. 커피를 많이 마시지 않는 분이라도 향긋한 커피 향기에 취하기는 마찬가지다. 창밖에는 바람소리 징징대지만 수증기가 자욱이 드리워진 증숙실에는 겨울에만 피어오를 수 있는 훈훈함이 감돌고 있다. 가래떡 끝에 찍힌 달짝지근한 조청향과 향긋한 커피향이 허공에서 그네를 타는 동안 그렇게 끓인 물은 서서히 식어가고 있다.

어느 정도 식은 물에 고춧가루와 메줏가루를 툭툭 털어 넣고 소금으로 간을 맞춘다. 소주도 알맞게 넣어서 휘휘 저었다. 한참을 저으니 마른 가루들이 숨어들고 찰진 고추장의 모양이 갖추어진다. 드디어 긴긴 인고의 시간을 거친 우리의 고추장이 완성된 것이다.

벌써 땅거미가 지고 어둠의 장막이 드리워진 저녁이다. 고단한 하루였지만 숙소로 돌아가는 길에는 추억 한 토막이 지나간다. 그 멋진 겨울의 어느 날이…….

4. 장이 익어갈 따스한 봄날을 기다리며 어머니표 장 담그기

'竹長然 장원' 마당에 따뜻한 봄기운을 느끼기는 아직 멀어 보인다. 상일이 상순이(죽장연의 개)가 집 안에서 고개만 내밀고 있는 것을 보니 양지 햇살도 아직은 힘을 발휘하지 못하나보다. 느닷없이 솔가지 사이로 내려 온 찬바람이 따갑게 귀를 스친다. 추위가 완전히 가시지는 않았지만 설날이 지났으니 말날을 택해 장을 담그기로 하였다.

아침부터 '竹長然'의 온 식구가 장 담그기 준비로 바쁘다. 메주를 씻기 위해 솔과 앉을 의자를 수도 가까이에 가져다 놓고 커다란 대야도 챙긴다. 수레와 양동이도 있어야 하고 메주를 넣고 누를 대나무와 항아리에 띄울 대추, 고추, 숯도 갖추어 놓아야 한다. 이리저리 뛰어다니느라 정신이 없을 것 같지만 톱니바퀴의 아귀가 맞추어지듯 물건들이 척척 제자리를 잡는다.

장 담그기는 모든 일이 바깥에서 이루어진다. 찬바람이 주위를 맴도는 속에서 일을 하다 보니 고생이 이만저만이 아니다. 하지만 분주히 움직이다보면 힘든 것도 잊는다. 먼저 장독대에 올라가서 장을 담을 항아리를 소독하여야 한다. 볏짚에 불을 붙이고 그 위에 항아리를 엎어놓으면 하얀 연기가 그 속에서 맴을 돈다. 이렇게 하는 이유는 장독 안에 있는 벌레를 잡거나 장독이 새는지를 확인하기 위함이다. 타다 남은 볏짚을 꺼내고 장독 안을 깨끗한 수건으로 닦아 내었다. 어느새 항아리의 내부가 깨끗해진다.

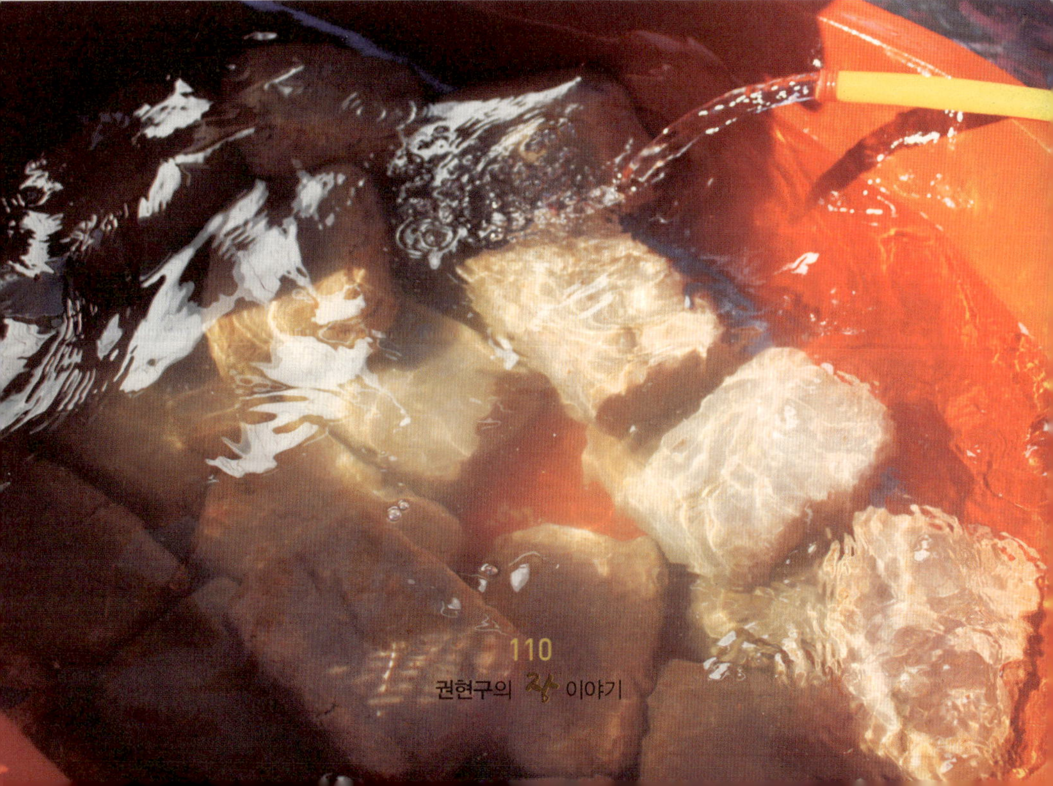

이제는 메주를 씻어야 한다. 잘 발효된 메주를 수돗가로 가지고 왔다. 메주에 핀 곰팡이와 이물질을 솔로 빡빡 문질러 흐르는 물에 씻는다. 메주가 커서 손 안에 쥐어지지 않는다. 날이 추워서 손이 굳었는지 메주가 미끄러져 '철버덩!' 소리를 낸다. 메주를 씻는 일은 장 만들기에서 아주 고된 일 중의 하나다.

"부장님은 힘 하나도 안 들이고 잘 닦네요."

"나도 죽어라고 하고 있구먼. 여 보소. 그냥 되는 게 어디 있어요?"

그 말에 모두들 웃음보가 터진다. 나도 힘들다는 한마디 말이 함께 한다는 생각을 하게 해준 것일까. 조그마한 일에도 웃음을 잃지 않는 분들이다. 보답이라도 하듯 말끔해진 메주가 얼굴을 드러낸다.

다음엔 알맞은 소금물을 만들 차례. 3년 정도 간수가 빠진 천일염을 커다란 함지박에 미리 풀어 놓았다. 불순물이 가라앉고 맑아진 소금물에 염도계를 띄웠다. 춤추는 염도계를 살며시 붙잡아 살피니 18보메를 가리킨다. 달걀을 띄우면 5백 원짜리 동전크기 만큼 물위로 떠오르겠지. 옛날 어머니의 노하우를 이어받아 지금은 염도계로 쉽게 측정하는 것이다.

윗물을 떠서 다시 얇은 체에 거르고 항아리에 주르르 부었다. 그 소리 또한 봄날 계곡의 얼음이 녹아 흐르는 소리처럼 경쾌하다. 씻어 말린 메주를 항아리에 차곡차곡 담았다. 메주가 수면 위로 떠오르지 않게 대나무 살을 걸쳤다. 그래도 빠져나오려는 메주는 가만가만 달래어 소금물에 완전히 잠기도록 하였다. 메주가 공기에 노출되면 부패가 될 수 있기 때문이다.

이제 고추, 대추, 숯을 띄워야지. 양의 기운을 가진 홀수가 길한 숫자, 모두 다 1.3.5.7.9 홀수로 넣어주어야 한다. 숯으로 뗏목을 만들면 빨간 고추는 노가 되어 봄바람에 두둥실 떠다닐 것이다. 얼마 안 있어 소금물은 호박빛의 간장으로 거듭나겠지.

마지막으로 항아리를 깨끗하게 닦아주니 반짝반짝 빛이 난다. 보고 있는 내 마음마저 깨끗해지는 것 같다. 항아리 입구에 새끼줄을 돌려 묶었다. 혹시라도 벌레가 기어오를까봐 잘 갈무리 한 후 뚜껑을 덮었다. 드디어 음력 정월 장 담그기가 마무리되었다. 큰일 하나 마치고 나니 마음이 홀가분해진다.

이제는 '竹長然 가족'의 꿈이 가득 담긴 항아리에 봄 햇살만 그득히 비춰주면 된다. 우리가 담근 장이 그 옛날 어머니가 담그시던 어머니표 된장맛, 간장맛하고 똑 같으면 좋으련만……. 아마 지금쯤 고향집 마당에도 장이 한창 익어가고 있겠지. 햇살 좋은 날이면 어머니는 장독대에 있는 항아리 뚜껑을 열어 놓고 투박한 손으로 볼록한 배를 다독였다. 속살이 노랗게 익은 된장을 자식들에게 보내줄 마음으로 장독을 다독이시던 어머니처럼 우리도 정성을 다하여 장을 담갔다. 맑은 바람과 따뜻한 햇살에 맛은 더욱 깊어가겠지. 우리의 정성에 곰삭을 장을 생각하니 마음이 뿌듯해진다.

5. 봄날은 간다.
청국장 출시

지난겨울은 유난히 추워서 오지 않을 것만 같았던 봄이 어느새 소리 소문 없이 우리 곁에 다가와 있다.

요즘 상사리마을 이곳저곳에는 봄소식을 알리러 나온 봄의 전령사들로 가득 차 있다. 개울가에 얼어 있던 얼음은 언제부터인가 보이지 않고 개구리들이 겨울잠에서 깨어나 물놀이를 하고 있다. 마을 들길에는 봄을 상징하는 냉이, 쑥, 달래가 구석구석 번져 가고, 부지런한 주민들은 벌써부터 들로 나갈 채비에 여념이 없다. 한마디로 상사리마을은 생동감이 넘친다.

죽장연 장원에서도 그동안 메주 쑤기, 장 담그기, 고추장담기 등으로 미루어 왔던 청국장 출시를, 산뜻한 봄과 함께 하기로 하고 작업에 들어갔다.

청국장을 만들려면 가장 중요한 메주콩이 있어야 하고 받침대, 소쿠리, 망사, 광목, 얇은 이불 등이 필요하다. 상사리에서 생산된 알이 굵은 콩이 도착했고 다른 것도 모두 준비되었다.

메주콩은 쌀을 씻듯이 두 손으로 박박 문질러가면서 깨끗하게 씻었다. 맑은 물이 나올 때까지 헹구고, 혹시 돌멩이나 이물질이 있을까봐 조리질을 하였다. 요즘은 워낙 좋은 곡식들이 나오다보니 조리질을 할 일이 별로 없지만 죽장연 장원에서만은 조리질이 필요하다. 조리질을 한 콩은 물에 충분히 불려 주어야 한다.

오늘은 청국장 만들기에 있어서 가장 중요한 콩 삶기를 하는 날이다. 불려놓은 메주콩을 가마솥에 넣었다. 잘 삶아져서 구수한 콩으로 거듭나기를 기원하면서……. 아궁이에 장작불을 넣어 센 불로 1시간을 끓였다. 검은 가마솥은 쉼 없이 눈물을 흘린다. 구수한 콩을 만들어내기 위하여 뜨거운 불길도 마다하지 않는데 누구하나 알아주는 사람이 없어 흘리는 눈물일까. 가마솥이 흘리는 눈물을 보고 있으니 왠지 내 마음이 숙연해진다.

이렇게 끓인 후에도 약한 불로 4시간 정도 뜸을 들였다. 콩 삶는 작업은 이렇게 시간과 노고가 필요하다. 콩 삶기가 끝나면 청국장이 반쯤 만들어진 것이다. 삶은 콩을 먹어보니 상당히 맛있는 것이 나름대로 잘 삶아진 것 같다. 푹 삶은 콩을 소쿠리에 건져 물을 빼주었다. 하얀 연기와 함께 구수한 냄새가 사방으로 퍼져나간다.

이제는 본격적으로 청국장을 만들어야 한다. 소쿠리에 망사를 깔고 삶은 콩을 부어서 고르게 펼쳤다. 깨끗한 짚 3가닥도 올려놓았다. 콩의 두께가 5cm가 넘으면 바실러스균의 침투가 힘들고, 너무 얇으면 콩이 건조해지기 때문에 눈썰미를 발휘하여 잘 맞추어야한다.

오전부터 시작된 청국장 만들기 작업은 눈코 뜰 새 없이 바빴는데 이

제는 조금 여유를 부릴 수 있다. 뜨거운 콩을 그대로 띄우면 안 되기 때문에 소쿠리에 담은 콩의 뜨거운 기운이 다 날아갈 때까지 기다려야한다.

30분 정도 지나니 어느 정도 콩이 식었다. 식혀진 메주콩은 청국장 발효실에서 또 한 번 거듭나기 위하여 광목천, 얇은 이불, 두꺼운 이불을 차례로 덮었다. 바닥온도는 15도 정도로 맞추어 놓았다. 이제는 청국장의 상태를 잘 살펴야 한다. 냄새, 온도, 습도, 산소를 체크하고 일일이 기록했다.

청국장을 만들 때는 밤낮이 따로 없다. 청국장은 적정온도로 유지되도록 해주어야 하기 때문에 수시로 확인하여야 한다. 숙소에 내려와 쉬고 있다가

밤 10시와 12시에 발효실에 올라갔다. 청국장 내부의 자체온도는 32도에서 정상적으로 올라가고 있다.

다음날 아침, 5시에 올라가니 청국장 내부의 자체온도가 24도로 내려와 있다. 이 일을 어쩌나? 저녁의 찬바람이 온도를 끌어내렸나보다. 청국장의 온도가 이렇게 계속 가면 안 되는데……. 다시 온도를 20도로 설정하고 계속 확인하였다. 오후가 되니 청국장의 온도가 정상으로 돌아섰다. 휴! 이제야 한숨 돌리겠다. 산소공급을 위해 창문을 열었다. 맑은 공기가 발효실을 가득 채운다.

노심초사, 마음을 놓지 못하고 이틀이 지나니 메주콩에 흰곰팡이가 전체로 퍼져있다. 청국장 특유의 구수한 냄새가 감돈다. 미생물이 열심히 활동하고 있다는 뜻이다.

청국장을 만들기 시작한 지 삼일 째 되는 날 아침에 담요와 망사를 걷어내고 작은 나무 주걱으로 쓱쓱 문질러보았다. 청국장이 엿가락처럼 죽죽 늘어난다. 다행히 잘 되었다는 뜻이다. 마치 그동안의 노고에 보상 받는 느낌이다.

잘 띄워진 콩이 반쯤 으깨어지도록 분쇄하였다. 드디어 청국장이 완성되었다. 청국장을 진공포장기를 사용해 포장을 한 후 케이스에 넣고 라벨을 붙였다. 맛깔스럽게 단장한 '죽장연 청국장'이 탄생한 것이다. 이제는 '어머니표 청국장'을 '죽장연'을 사랑하는 사람들에게 보내는 일만 남았다.

하지만 이것으로 작업이 다 끝난 것이 아니다. 다음에 또 맛있는 청국장을 만들기 위해 망사, 광목, 소쿠리, 담요 등의 도구들을 깨끗한 물에 씻어 햇볕에 말렸다. 이렇게 해야 잡균이 들어가지 않아 항상 좋은 청국장을 만들기 때문이다.

우리가 만든 청국장으로 찌개를 끓여 점심을 먹었다. 시원하고 구수

한 게 정말로 맛있다. 함께 일한 직원들도 이구동성으로 맛있다고 난리다.

내가 살던 예천에서는 청국장을 즐겨 먹었다. 어머니는 가을이 깊어지면 구들장 아랫목에 삶은 콩을 놓고 알록달록한 담요를 동그랗게 덮어 청국장을 해주었다. 추운 겨울에는 주로 청국장 뜨는 냄새와 함께 방안에서 생활했다. 그때는 쿰쿰한 그 냄새가 달갑지 않았다. 하지만 가난한 농촌 살림에 별 반찬이 없던 시절이라 청국장은 김치와 함께 겨울을 날 수 있는 좋은 먹을거리였기에 참을 수밖에 없었다. 특히 아버지가 좋아하시던 음식이라 그 싫은 냄새를 겨울 내내 맡아야 했다. 그때는 청국장 냄새가 그렇게 싫었는데 언제부터인가 따끈한 청국장찌개가 절로 생각나니 나도 어느새 어른이 되었구나 싶다. 지금 아버지가 계시다면 우리가 만든 청국장과 예쁜 막내며느리가 끓여준 청국장찌개를 맛보여드릴 수 있을 텐데……. 오늘따라 아버지가 무척 보고 싶다.

청국장은 고향을 떠올릴 수밖에 없는 음식인가 보다. 청국장을 만들면서도, 청국장찌개를 먹으면서도 그 시절이 그리워지는 것을 보면. 우리가 만든 진한 청국장 냄새가 고향의 향기처럼 오래도록 장원의 바닥을 맴돈다.

6. 꽃샘추위가 함께한 장 가르기 하는 날

죽장연 주위에는 꽃샘추위가 기승을 부려 아직 벚꽃은 잠을 자는지 앙상한 나뭇가지 그대로이다. 그래도 수줍은 다홍의 진달래는 산기슭 기슭마다 조용히 피어 봄의 시작을 알린다. 나무는 푸릇푸릇 하니 물이 올랐고, 죽장연에 올라오는 길가에 풀들은 파릇파릇하니 초록빛으로 생명을 노래한다.

올해 2월 중순에 담가두었던 장이 벌써 장 가르기를 할 시기가 다가왔다. 그동안 장독 속에서 잘 담가져 있던 메줏덩어리를 드디어 개봉해서 장 가르기 할 준비를 한다.

오랜만에 죽장연 가족들이 모두 모였다. 날 잡은 날이 장날이라고 바람이 불고 겨울이 다시 왔는지 추위가 기승을 부린다. 하지만 시골에서 좋은 분들과 함께 일하는 것은 행복이 아닐 수 없다. 죽장연 장원이 좋은 이유는 마당도 널찍하고 자연과 더불어 가슴이 뻥 뚫릴 것 같은 장소이기 때문이다.

장 가르기는 옹기에서 잘 익어가는 장들을 꺼내 간장과 된장으로 갈라서 따로 담그는 작업이다. 메주가 햇볕의 따스함과 천일염의 짭조름함의 조화 속에 먹음직스럽게 발효가 잘 된 것 같아 기쁘다.

우선 위에 올려져 있는 대나무 막대기와 숯, 고추, 대추를 건져내고 바구니에 담았다.

이제 된장이 될 메주를 건져내어 큰 그릇에 옮겨 담았다. 이때 메주가 부서지거나 흩어지지 않도록 조심해야한다. 그리고 꺼낸 메주를 사정없이 으깨고 부수어 주어야 하는데 이것이 힘든 작업이다. 메주가 덩어리 지지 않게 잘 부수었다. 일일이 손으로 작업하는 게 시간도 많이 걸리고 정말 힘들다.

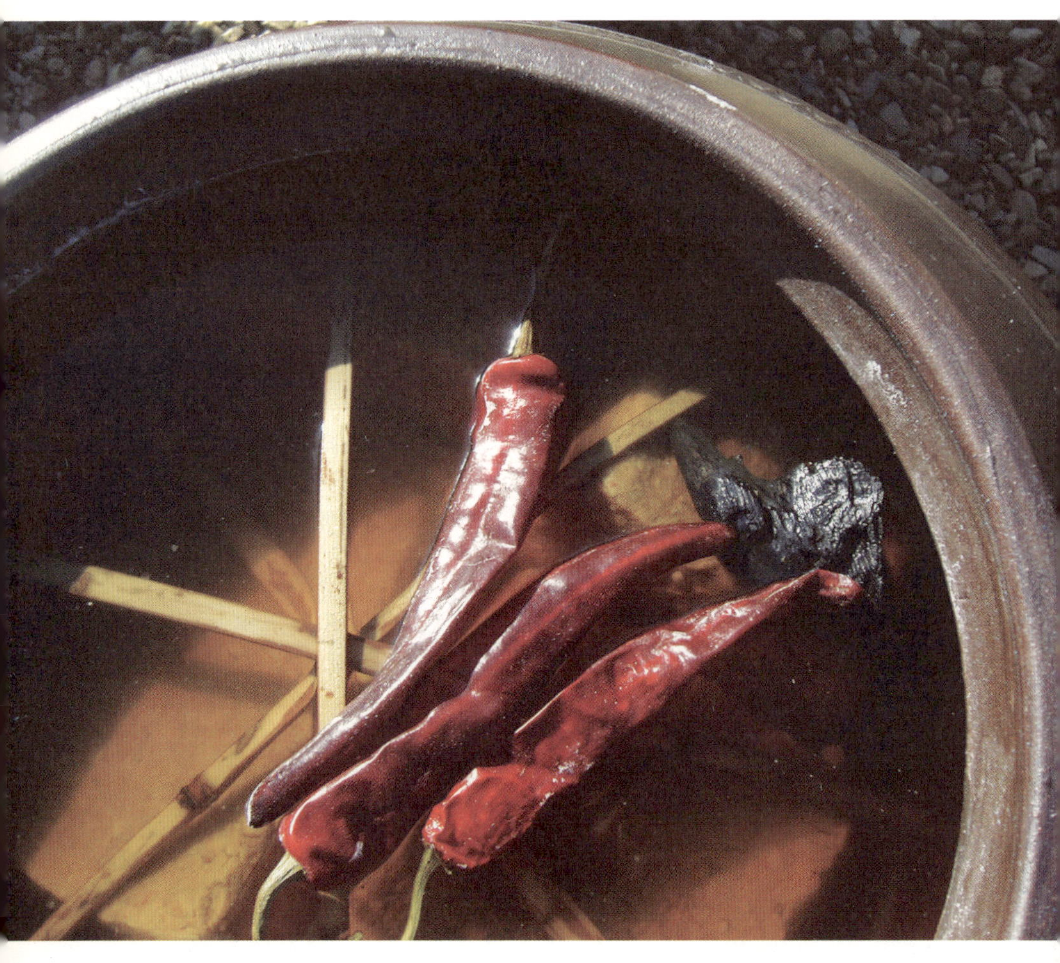

부순 메주에다가 간장을 계속 붓고, 질기를 맞추어 가며 치대어 주는 작업을 했다. 조금 질척해야 장이 익으면서 햇볕에 말라 알맞은 농도가 된다.

옛날에는 어머님들이 하시는 일이었지만 워낙 양이 많아 된장 비비는 건 역시 힘쓰는 건 남자들 몫이다. 남자 분들이 힘든 일은 다 도맡아서 앞장서 하는 모습이 보기에 좋아 보인다.

잘 치댄 된장을 다시 장독 속에 넣는 작업은 아주머니들이 할 일이다. 된장을 옹기에 80%정도 담고 난 다음 장독 안에 공기층이 없도록 손으로 탁탁 치면서 꼭꼭 눌러 담는다.

다 담은 된장 위에 파리가 접근하지 못하도록 고추씨 가루를 뿌렸다. 이제 마지막으로 항아리를 깨끗이 닦고 항아리 입구를 망사로 덮어 정성껏 마무리 해주었다.

이제 된장은 다 담갔다. 잘 익어서 10월에 맛있는 된장으로 태어나길 기대해본다.

새참 시간에 추위에 떨고 있는 아주머니들에게 추위를 잠시 잊게 하기 위해 싱거운 소리를 던져 보았다.

"사모님, 집에서 일하는 게 좋아요, 죽장연에서 일하는 게 좋아요?"란 질문에

"그렇게 어려운 건 묻지를 마세요."

어설픈 나의 애교에 어설픈 표현으로 애쓰며 맞장구쳐 주는 아주머니가 재미있고 고맙다.

이제는 간장을 담을 차례다. 메주를 건져내고 남은 간장을 항아리 위에 고운체를 받치고 깨끗한 베보자기를 받쳐 걸러 깨끗한 간장만 항아리에 70~80% 정도 채웠다. 간장 색깔이 너무 좋다. 장 가르기를 끝낸 간장은 흰 천으로 가지런하게 덮었다.

항아리에 담겨진 된장과 간장은, 정성을 생각해서라도 이 속에서 몇 년간 햇볕과 세월 속에서 곰삭혀져 더 깊고 오묘한 맛의 조화를 이루게 될 것이다.

오늘의 장 가르기는 이렇게 끝이 났지만, 오늘을 시작으로 저희 죽장연의 장 가르는 작업은 앞으로도 며칠은 계속 될 것이다.

7. 콩밭 매는 아낙네야…
좌충우돌 메주콩 심기

화창하고 싱그러운 6월, 모내기가 끝난 들녘에는 눈부시게 화사한 각종 들꽃들이 저마다의 향기로 곱게 차려입고 아름다움을 뽐내기 한다. 산에는 푸르른 나무들이 각자의 푸름을 더해 가고 있다.

짙은 녹색 잎사귀를 배경으로 농염한 빨간 꽃이 활짝 핀 넝쿨장미와 하얀 찔레꽃이 여름을 알리는 6월, 장원에서는 익어가는 장 관리와 더불어 콩 심기를 해야 한다.

올 해 담글 장류(된장, 간장, 청국장, 고추장)에 쓸 콩을 심기 위해 콩 모종심기를 하기로 했다. 약 1,000평 정도에 심을 모종을 준비하는 작업도 그리 만만치는 않다. 이른 아침 죽장연 장원 마당에 콩 씨와, 육묘상자(모종포트), 마사토를 준비하여 넣기 시작했다. 양지 바른 곳에 옹기종기 모여 앉아 먼저 상토담기부터 시작한다. 마사토에 육묘용 상토를 적당히 섞어 준비를 한 뒤 육묘상자에 담았다. 이제는 콩들은 1cm 깊이에 세 알씩 넣고 덮는 일이다.

"한 곳에 딱 두 알씩만 넣어야 합니다."

"하나, 둘!"

육묘상자가 하나 둘이 아니기 때문에 깜박 잊어버릴 때도 있다. 콩씨를 넣으면서 숫자 공부를 한다.

한나절을 작업하니 육묘상자에 콩 넣기 작업이 끝났다. 이제 육묘상자에 넣은 콩들은 수시로 물을 주어 길러야 한다. 그러면 싹이 트고 어느 정도 자라나면 본밭에 옮겨 심게 될 것이다. 첫 단추를 잘 꿰면 절반의 성공이라는 말도 있듯이, 콩은 잘 자랄 것이고 시작하는 마음은 늘 즐겁다.

콩이 육묘상자에서 무럭무럭 자라 오르는 동안 콩을 심을 밭을 장만해야 한다. 콩은 1년생 식물이라 매번 밭을 갈고 씨앗을 뿌려야 한다. 밭을 갈았으면 고랑을 만들고 검은 비닐로 포장을 해야 한다. 비닐과 삽을 이용하여 고랑에 깨끗한 새 비닐을 덮어주니 밭고랑이 예쁘다.

비닐을 덮고 나니 비가 금방이라도 뚝뚝 떨어질 것 같은 날씨다. 오후에 우리들은 비옷을 입고 장화를 신고, 모자까지 쓰고 육모용 상자를 트럭에 싣고 콩을 심을 밭으로 이동하였다. 각자 일을 분담하여 작업을 하기로 하고 시작하다보니, 보기 보다는 콩밭이 넓고 작업할 양이 많다.

한 사람은 콩 심을 구멍 뚫기 작업에 들어간다. 비닐에 구멍 뚫는 도구를 들고 비닐에 구멍을 뚫었다. 이 농기구는 경운기로 물을 끌어 올려 호스에 연결하여 물을 주면서 구멍을 뚫는 도구인데 끝은 피라미드형으로 뾰쪽하고 위에 달려있는 철사로 간격을 재어가면서 구멍을 뚫는다. 한 사람은 할 수 없기 때문에 물 호스 줄을 계속 옮겨주어야 한다.

구멍 뚫는 도구가 비닐에 구멍을 뚫어 놓으면 다른 한사람은 육묘상자에 있는 잘 자라 준 콩 모종을 잽싼 손놀림으로 놓아 나간다.

그 뒤에 한 사람이 뒤따라가며 모종삽으로 그 구멍을 흙으로 메우면서 동시에 북을 준다. 이렇게 하면 한포기의 콩 심기가 끝난다.

콩 모종을 구멍에 넣고 손으로 흙을 붙이는 일은 쉬워보여도 그렇지가 않다. 앉았다 일어섰다를 계속해서 반복해야 하고, 작업을 시작한 후에는 비가 내리기 시작하여 이미 고랑이 물바다가 되어서 발을 옮기기가 쉽지 않다. 엎친데 덮친 격으로 호미에 젖은 흙이 자꾸 달라붙으니 묻는 게 힘들어진다. 시간은 가고 비는 계속 내리지만 악착같이 모두들 일에 열중이다. 모두들 처음 하는 일이라 어설퍼도 마음과 모습은 이미 자연의 모습이 다 되었다.

쉬지 않고 일을 해서인지 모두 끝내고 보니, 시간 안에 작업을 마칠 수 있었다. 작업을 마치고 몸 상태를 보니 머리, 얼굴, 옷, 장화 등 모두가 엉망진창이다. 하지만 모두들 처음해보는 작업을 별 탈 없이 끝냈다는 안도감에 흐뭇한 마음이었다.

수확하기까지에는 만만치 않은 많은 복병들이 있을 것이다. 싹이 자라면 순자르기도 해야 하고, 장마철이 되면 풀들이 서로 서로 키 재기를 하며 올라와 메주콩의 기를 죽이려고 할 것이고 각종 병충해도 입을 것이다. 또 조금만 방심하면 고라니들이 산에서 내려와 싹을 싹둑싹둑 잘라 식사를 할 것이다. 하지만 철저히 대비만 한다면 좋은 결과가 있으리라 믿는다.

가을이 되면 한 알의 콩은 풍성한 모습을 하고 있을 것이다. 그리고 10월경이 되면 콩잎들이 떨어질 것이고 잎이 대부분 떨어지는 말경에 수확의 기쁨을 볼 것이다. 수확한 콩은 2~3일 말려 탈곡을 하면 죽장연 장원의 메주 재료가 될 것이다.

올해는 우리가 심고 기른 메주콩이 커다란 가마솥에서 삶아져 메주로 만들어질 것이다. 콩을 심고 메주를 쑤고 장을 담그다 보니 어느 새인가 나도 농부의 마음을 조금씩 배워가고 있다.

8. 봄, 여름, 가을, 겨울, 그리고 봄
삶에 정성과 열정을 쏟았을 때…

'포항지역 전통 된장 제조업체인 (주)영일인터내셔널의 '죽장연'이 대한민국 농식품 파워브랜드로 선정됐다.
영일인터내셔널이 제조하는 '죽장연'은 2013년 5월 14일 농림축산식품부 주최로 경기 고양 킨텍스에서 열린 '2013 서울국제식품대전(KFS)'에서 농림축산식품부 장관상을 수상했다.'

2010년 12월 17일 '죽장연'이 첫 메주 생산을 시작한지 2년 5개월 만에 전통장류업체 중에 최고의 브랜드 파워로 서게 되니, 그동안 있었던 수많은 일들이 스쳐 지나간다.

2009년 12월 17일 저녁살을 파고드는 겨울바람을 맞으며 포항시 죽장면 상사리에 도착하여 부지선정과, 토지매입, 묘지이장 작업을 위해 동분서주하던 때가 엊그제 같은데 벌써 4년이란 기간이 훌쩍 넘어가 버렸다.

물 맑고, 햇빛 잘 들고, 공기 좋은 곳에 전통장을 만들려고 하니, 허가과정에서 수많은 수정과 변경이 있은 후에야 토목설계를 할 수 있었다. 건축 설계를 할 때에는 상사리 하숙방에서 장독대를 어디에 놓아야 될지, 가마솥과 땔감을 어떻게 할지, 메주 건조와 발효는 어느 규모에 어떻게 할지를 이렇게도 생각해보고 저렇게도 생각하였다. 처음 보는 사람이야 '별거 아닌 것 가지고' 하겠지만, 나는 많은 밤잠을 설치면서 수많은 고민 끝에 만들어낸 것이었다.

처음 하는 일이다 보니 수많은 시행착오와 변경을 거듭한 끝에 2010년 6월 18일 첫 삽을 뜨고 장원건축을 하게 되었고 2010년 11월 15일 원료전실, 세척실, 건조실, 발효실, 정수실을 갖춘 생산동과 자재창고, 제품포장실, 완제품창고, 사무실, 실험실을 갖춘 사무동으로 착공 5개월 만에 완공하여 주위의 많은 분들을 모시고 준공식을 할 수 있었다.

공장 준공식이 끝나면 이젠 조금은 편해지겠구나 하고 생각을 하였지만, 이것이 끝이 아니었다. 한숨 돌릴 여유도 없이 시설장비 구입, 메주콩 수매, 메주 쑤기 작업을 위해 정신없는 나날을 보내야만 했다.

장원 준공이 1차 과제였다면, 이제는 메주를 쑤어서 장을 잘 만드는 것이 문제였다. 장원 준공 때까지는 혼자였지만 이제는 주변의 여러 사람들과 함께 할 수 있어 다행이라고 처음에는 생각하였다. 하지만 현실은 그렇지 않았다. 사람들마다의 생각이 다르고 성향이 달라 운신의 폭은 한없이 좁아져 있어 뜻대로 되어 주지 않았다. 어려운 여건이지만 최고의 명품장을 만들기 위해 최선을 다할 수밖에 없었다.

원료 확보는 어떻게 해야 할까? 메주를 만드는 용기들은 어떤 것이 좋을까? 어떤 나무 장작이 좋을까? 콩은 주민들이 잘 삶을 수 있을까? 메주 건조는 어떻게 하고 발효는 또 어떻게 할까? 메주의 크기는 어느 정도 해야 적당할까? 생각하고 부딪쳐야 할 부분들이 하나 둘이 아니었다.

수많은 일들을 새로 만들어 가는 과정에서 부딪쳐야 할 부분들이 너무나 많았다. 하지만 모든 일들이 한번에 되지 않는다는 것을 알기에 인내하면서 기다리고 또 인내하면서 기다리며 시행하였다.

이 과정에서 가장(家長)으로서 역할은 물론 주변의 여러 여건으로 인한 업무상 스트레스로 나약해져가는 나 자신을 발견하곤 했다. 하지만 처음 청송으로 넘어가던 꼭두방재에 차를 세우고, 새로운 일에 도전해 보기로 마음먹은 것을 생각하며 '죽장연' 장류사업의 성공을 이루겠다는 열정으로 다시 한번 각오를 다졌다.

장을 담그는 것이 2차 과제였다면 이제는 관리하는 것이 중요한 몫으로 남아 있었다. 전 생산 공정을 계량화하는 매뉴얼 작업과 함께 작업자 위생복 착용 등 위생 교육을 철저히 함으로써 제품의 규격화와 위생적인 생산이 될 수 있도록 최선의 노력을 함과 동시에 주민과의 화합에도 많은 노력을 기울였다. 이 과정에서 주민들의 애정과 경험이 많은 도움을 주었고 또한 '죽장연'을 움직이는 힘이 되었다.

2013년 5월 23일 상사리 마을회관에서 농림축산식품부 장관상 수상에 대하여 그동안 격려와 노고를 아끼지 않은 주민들에게 감사하는 자리를 마련하였다. 이장님과 부녀회장님에게 사전에 협조를 구하여 부녀회원들과 회사직원들이 함께 준비하기로 하고 떡과 과일, 술, 음료수, 족발, 찜 등을 시장에서 구입하여 정성스럽게 차려 마을 주민들을 초청하였다. 점심식사 시간이 다가오자 주민 분들이 하나 둘씩 모여들었다. 직원들과 마을주민들이 함께 어우러져 수육과 떡을 안주 삼아 담소를 나누며 한바탕 웃음꽃이 피었다.

된장을 담근 지 3년도 채 되지 않은 신생 브랜드로서 장관상을 수상한 것은 어떤 면으로 보나 대단한 성과로 볼 수 있다. 현재 '죽장연'제품은 현대백화점과 롯데백화점을 통해 유통되고 있으며, '마켓오', '한국의 집', '고래불' 등 국내 굴지의 웰빙 레스토랑에서 식재료로 채택할 만큼 외식업계에서 주목도 받고 있다.

해외에서의 반응도 뜨겁다. 한식 레스토랑으로는 최초로 미슐랭가이드로부터 스타 등급을 받은 뉴욕의 '단지(Danji)'에서도 죽장연의 품질을 인정해 죽장연 된장 메뉴를 선보이고 있다. 또 일본 유수의 백화점 매장을 통해 한식 식재료를 공급하고 자체 레스토랑을 운영하고 있는 '사이카보(Sikabo)'에서도 죽장연 된장이 식재료는 물론 상품으로 판매되고 있다.

이런 성과는 가장 그리운 어머니가 만들어 주셨던 그 방법 그대로 만들었고, 순박한 상사리 마을 주민들의 정성이 있었기에 가능하였다. 이것들이 합쳐져 '죽장연'만의 독특한 맛과 향, 건강이 담겨 있는 장이 탄생되었다.

북적거리는 마을회관을 뒤로하고 '죽장연' 장원에 올라와서 장원을 둘러보았다. 세월이 흘러 검은 머리에 하얀 눈이 소복이 내려앉았고, 얼굴은 검게 타 상사리 주민처럼 농부가 되어가고 있다. 푸르른 소나무와 장원을 비추는 햇볕과 골짜기의 바람만이 처음 그때처럼 내 주위를 맴돈다.

9. 눈부시게 푸르른 날
어머니의 장독, 그 안에 담긴 마음 하나

‘죽장연 장원’ 들어오는 길 옆 논에는 모내기 작업이 한창이다. 산에는 신록들이 향연을 벌이고 들에는 이팝나무, 조팝나무, 참나리, 매발톱, 둥굴레 등이 초여름의 더위를 식혀주고 있다.

청명한 하늘에 눈부신 햇빛이 내리쬔다. 장 가르기도 끝났으므로 이젠 장독대 관리에 바짝 신경을 써야 한다. 위생에 관계되는 위생복, 위생모, 마스크, 고무장갑을 착용하고 작업에 필요한 행주, 대야, 스텐 조리, 망사천, 온도측정기, 관리일지를 들고 장독대로 올라갔다.

장독대에는 된장이며 간장, 그리고 고추장이 가득 담긴 옹기들이 햇살의 기운을 받아들이느라 여념이 없다. 어제 비가 왔었기 때문에 장독을 빨리 확인해보아야 한다. 아무리 장독뚜껑을 덮어 놨다 하더라도 비바람이 심하면 비가 들이칠 수 있고, 습기가 고여 망사 천에 곰팡이가 만들어지기도 하고 습기가 수증기화 되어 물이 장 안에 떨어질 수 있기 때문이다.

먼저 장독 뚜껑을 열고 망사천을 확인하였다. 망사천이 더러워져 있는 것은 새것으로 바꾸고 된장 독 안을 보았다. 곰팡이가 포실 포실하

게 앉아 있는 것이 있다. 주걱으로 곰팡이 부분을 살짝 걷고 남은 된장은 손바닥으로 탁탁 쳐주어 공기구멍이 생기지 않도록 하였다. 양은 변하지 않았다. 색깔은 노란 것이 먹음직스럽다. 내부 온도와 염도를 측정하고 관리일지에 기록하였다.

이젠 삶아서 살균된 무명천을 깔고 그 위에 살짝 고추씨 가루를 뿌렸다. 그리고 장독 뚜껑 입구에 있는 물기를 잘 닦아내고, 항아리 입구에 깨끗한 망사를 씌워 이물질이 들어가지 않게 한 다음 장독뚜껑을 닫았다. 음력 1월에 장을 담가, 음력 3월에 장 가르기를 한 된장인데 잘 익어가고 있었다.

내부의 상태를 확인했으니 이젠 장독 옹기 표면을 청소할 차례다. 대야에 물을 담아 와서 행주를 물에 담갔다가 꼭 짜서 항아리 주변을 깨끗이 닦았다. 장맛의 비결은 절반이 사람의 정성이고 나머지는 자연이 만든다고 하는데, 살아 숨쉬는 장독을 닦는 것은 신성한 작업이라 정성을 들여 닦고 또 닦았다. 장독이 묵은 때를 벗고 반질반질하게 고운 자태를 뽐내고 있다.

이제 마지막으로 장독 주변에 올라 온 잡초를 뽑아내고 기울어진 장독을 바로 세웠다. 장독이 기울어지면 기울어진 쪽으로 백태가 끼게 되기 때문이다. 한참을 구슬땀을 흘리며 작업에 열중하다 주변을 돌아보니 새소리, 바람소리, 물소리가 들려온다. 눈앞에 가득 펼쳐진 자연 풍경이 너무나 아름답다.

놀 거리가 없던 어린시절 키 재기를 하듯이 놓여 있던 장독대 사이사

이로 숨바꼭질하고 놀던 아련한 추억들이 아지랑이처럼 피어오른다.

옛날 어머니는 날마다 장독대 위에 물 한 그릇을 올려놓으시며 정성 들여 자식들의 안녕을 빌었다. "밥 잘 먹고 건강하게 해주이소. 그라고 남한테 손가락질 받는 일 없고, 기죽지 말고 떳떳하게 생활하게 해주이소."

우리집 장독대는 집 뒷마당의 양지 바른 곳에 돌로 축대를 쌓아 만들어 놓았다. 기껏해야 간장이나 된장, 고추장 항아리 몇 개가 전부인 장독대를 어머니는 하루에도 몇 번씩 오르내리셨고, 장독은 언제나 반질반질 윤이 났다. 우리 집 장맛이 다른 집보다 유달리 좋은 것은 우리 집 장독이 다른 집보다 깨끗하였기 때문이었을 것이다.

눈부시게 푸르른 날, 고향집 장독대의 어머니가 담근 깊은 장맛을 생각하며 하루의 고단함을 털어낸다.

10. 맛이 일품인 달달한 조청(造淸) 만들기

고추장을 담그기 위하여 조청을 만들기로 하였다. 조청은 자연생의 꿀을 청이라 하므로 인공적인 꿀이라는 뜻에서 나온 말이다. 설탕은 정제되어 만든 것이라 좋지 않고 꿀은 특유의 독성 때문에 오래 섭취하면 좋지 않다고 한다. 조청은 엿기름과 물, 밥의 전분기로만 졸여서 만든 것이라 옛 조상들이 즐겨 만들어 먹었던 것이다.

조청을 만들기로 하였지만 고추장 담그는 것이 적은 양이 아니다 보니, 사전에 준비해야 할 것들이 많이 있다, 채반도 준비해야하고, 삼베 보자기도 준비하여야만 한다. 채반을 시중에서 구입하려고 하니, 가마솥에 크기에 맞는 것이 없다. 채반은 나무로 만들기로 하고, 각목을 구입하여 가마솥 크기에 맞게 자르고 조여서 만들었다. 16개를 만들다보니 시간과 노력이 이만저만이 아니다. 삼베 보자기는 가마솥 크기보다 조금 크게 만들었다. 이제 조청을 만들기 위한 준비는 마쳤다.

조청의 재료는 멥쌀, 엿기름, 물만 있으면 된다. 어떻게 생각하면 참 간단하다. 하지만 직접해보지 않은 일이라 옛날 어머니가 가마솥 앞에서 조청을 고우시던 모습과 과정을 떠올리며 조청 만들기에 도전한다.

조청을 만들려면 먼저 고두밥을 쪄야 한다. 고두밥을 지을 멥쌀을 하루 전에 물에 씻어서 불려 놓았다. 하루가 지난 후 가마솥에 물을 부은 다음 채반을 올리고, 미리 준비한 삼베 보자기를 깔고 불린 멥쌀을 골고루 편 후 가마솥 뚜껑을 닫았다. 16개의 가마솥에 삼베보자기를 올린 모습들이 옛날 떡을 찌던 모습을 떠올리게 한다. 16개의 가마솥을 동시에 작업을 하다보니 모두들 정신이 없다. 가마솥 아궁이에 불쏘시개와 장작을 넣고 불을 지폈다. 불을 지핀지 1시간이 지난 뒤에 멥쌀을 골고루 뒤집어 주었고, 그 후 1시간 30분 정도 지나니 고두밥이 완성되었다. 고두밥이 고슬고슬하게 잘 된 것 같아 기분이 좋다.

고두밥을 찌는 동안 한쪽에서는 방앗간에서 빻아온 엿기름 가루를 따뜻한 물에 넣고 손으로 주물럭거려서, 고운체로 엿기름물을 걸렀다. 우유빛깔처럼 하얀 것이 너무 좋다. 얼마 있으니 웃물은 맑게 되고 찌꺼기는 가라앉았다. 아기 다루듯 살살 위에 맑은 물만을 따랐다. 너무 시간이 걸리고 힘들다. 한국전통방식은 이처럼 시간과 관심과 노력이

필요하다.

고두밥도 완성되고 엿기름물도 걸러내었으니 완성된 고두밥과 엿기름물을 가마솥에 함께 넣은 후, 물과 함께 골고루 섞어서 삭히는 작업을 해야 한다. 가마솥 뚜껑을 닫고 밑불 관리에 들어갔다. 30분 단위로 밑불과 내부 온도를 체크하여 적정온도가 유지되도록 하였다. 조청 만들기는 무엇보다도 삭힐 때 온도유지가 가장 중요하기 때문이다. 너무 낮으면 시어지기 때문에 주의해야 한다. 그러면 시큼해져 조청의 맛을 버린다. 7시간 정도 삭히니 밥알이 둥둥 떠 있다. 손가락으로 밥알을 뭉개보았다. 밥알이 잘 삭혀졌다. 삭히는 작업은 가마솥의 위치와 장작불의 온도에 따라 다르기 때문에 많은 시행착오를 겪어야 기준치가 나올듯하다.

잘 삭혀진 밥알을 면으로 된 자루에 담고 가마솥을 깨끗이 씻었다. 가마솥에 채반을 받치고 그 위에서 밥알이 으깨어지게 팍팍 주무르고, 꼭 짜서 걸러 주었다. 잘 삭혀져서인지 짜기가 쉽다. 이젠 마지막 작업인 졸이기이다. 가마솥 아궁이에 장작을 넣어 불을 지피고 끓이니 얼마 지나지 않아 펄펄 끓어오른다. 열심히 거품을 걷어내고 혹시라도 넘칠지 모르니 중약불로 낮추어 뭉근히 달였다. 조청은 불을 잘 다루어야 부드럽고 맛있게 고아진다. 불이 과하면 조청이 단단해지고 불이

약하면 묽어지기 때문에 가장 신경 써야 할 부분이지만 이것도 많이 해보아야 노하우가 쌓일 듯하다.

우리들은 엿기름물이 넘치지 않도록 나무 주걱으로 자주 저어주면서 조청이 되어가는 과정을 살폈다. 점점 색이 진해진다. 엿기름물의 양도 점점 줄어든다. 2시간 정도 졸이니 처음 양보다 5배 이상 줄어들었다. 주걱으로 살짝 들어보니 1~2mm정도 살짝 묻어나는 정도이며 되직하게 흘러내린다. 이 정도면 훌륭한 조청이 완성된 것이다. 조금 식히니 농도가 아주 진하다. 완성된 조청을 가마솥에서 들통으로 퍼 담았다. 긴긴 시간과 노력으로 완성된 조청이다. 조청은 시간과 정성이 필요한 힘든 일이다.

처음 만든 조청을 맛보았다. 묽기도 괜찮고 맛도 옛날 어머님이 해주던 조청 맛이다. 조청은 요즘 옥수수 전분으로 만든 물엿과는 전혀 다른 천연 소비요인 만큼 우리 조상님들의 지혜가 존경스럽다. 요즘은 공장 가공식품이 대세를 이루지만 예전에는 모든 먹을거리를 집에서 장만 했다. 인공의 맛을 가미하지 않은 자연 그대로의 맛으로 건강한 먹을거리를 주고 싶어 오늘도 죽장연 가족들은 땀을 흘린다.

11. 영원히 함께 가야 할 죽장연 가족과의 하루

다시 메주를 쑤는 계절이 다가온다. 이것저것 할 일이 많아진다. 해마다 돌아오는 이 시기는 된장을 만드는 죽장연에서 가장 중요한 때이다. 이 바쁜 와중에도 메주 쑬 걱정과 함께 마음만은 따뜻했던 지난 겨울이 떠오른다. 죽장연 가족은 메주 쑤기, 장 담그기, 장 가르기 등을 진행하면서 몸과 마음이 지칠 대로 지쳐 있었다. 상사리를 떠나 휴식도 취하고 뜻있는 시간도 보내면 좋겠다는 의견이 나와 임실치즈마을로 견학을 가기로 결정했다. 모두 새로운 봄을 맞이하기 위해 바쁜 때였지만 죽장연을 위해 같이 일한 많은 분들이 동행을 하였다.

먼 거리를 떠나야했기 때문에 새벽부터 서둘러 버스에 올랐다. 떠지지 않는 눈을 부비고 나와서인지 상사리에서 출발할 때는 모두 잠에 취해 조용했는데 대구를 지나면서 갑자기 뽕짝 음악과 함께 버스 안이 떠들썩해졌다. 농촌에서 살면 전원생활을 즐긴다고 생각할 수도 있겠지만 실제로는 몸도 고단하고 이런 저런 이유로 스트레스도 쌓인다. 이런 기회가 아니면 어떻게 마음 놓고 놀 수 있으랴. 평소 조용한 성격을 가진 나도 이날 만큼은 분위기에 취해 함께 노래를 부르며 흥겨운 시간을 가졌다.

놀다보니 어느새 임실치즈마을에 도착하였다. 느티나무 가로수가 줄지어 선 임실은 낮은 산으로 둘러싸인 아늑한 마을이었다. 전국적으로 유명세를 탔는지 조그마한 폐교를 활용하여 만든 임실치즈마을 체험관에는 많은 손님들이 북적이고 있었다. 안내원을 따라 치즈 만드는 법도 배워보고, 피자도 만들어 보았다. 우리가 만든 피자를 점심으로 먹으며 동심에 빠져보기도 했다. 피자는 젊은 사람들만 좋아하는 음식인줄 알았는데 직접 만들어 먹어보니 한 끼 식사가 될 정도로 꽤 괜찮았다. 우리가 이곳에 온 이유 중 하나가 폐교가 된 상사분교를 활용하여 '된장학교'로 만들어보고자 구상하고 있기 때문이기도 하다. 죽장연과 연계된 체험관을 운영하면 많은 외부 사람들이 방문하게 되어 마을에 생기가 도는 것은 물론이고 잃어가고 있는 우리의 입맛을 살리고 전통을 이어가는 보람된 일도 될 것 같다는 생각이 들었다. 상사리 마을은 전형적인 오지마을이지만 자연과 된장 그리고 체험이 어우러진다면 임실치즈마을 못지않은 훌륭한 마을이 될 것이다.

어르신들은 치즈체험장 옆에 있는 썰매장에서 환갑의 나이를 잊고 어린 마음으로 돌아가 웃음꽃을 피우셨다. 임실치즈마을을 나와서는 남원 광한루로 향했다. 춘향이와 이도령이 사랑을 꽃 피운 광한루는 예전이나 지금이나 한결같았다.

그곳에서 파전에 막걸리를 앞에 놓고 죽장연과 상사리의 발전을 위해 좋은 의견과 대화가 오갔다. 상사리마을 주민과 죽장연 식구들은 죽장연 장원에 이어 또 다른 프로젝트인 상사리 폐교 활용을 위해 모두들 한마음으로 뭉쳤다. 얼마 후면 상사리 폐교는 또 하나의 명물이 되어 전국에 있는 사람들이 찾고 싶은 장소가 될 것이다.

돌아오는 길에서 제2회 상사리 가수왕 뽑기 대회가 열렸다. 제1회 대회는 처음 메주 쑤기를 하고 난 뒤 뒤풀이로 죽장연 창고 안에서 이루어졌고 이번에는 버스 안에서 대회가 열린 것이다. 제1회 때는 딸기집

아주머니가 대상을 받았었는데…….

이장님의 구성진 가락과 부녀회장님의 부드러운 목소리가 어둑어둑해진 고속도로 위를 달렸다. 한껏 목소리를 가다듬어 노래실력을 뽐내다보니 시간이 갈수록 경연의 열기는 더욱 뜨거워지고 있었다. 모두가 대상을 타기 위해 노력했지만 제2회 상사리 가수왕은 '삼각관계'를 부른 통나무집 아주머니에게로 돌아갔다. 비록 모두에게 상을 줄 수는 없었지만 참가자들 모두 뜨거운 박수를 보내주어서 훙겨운 자리가 되었다.

그렇게 달려서 왔더니 저 멀리 어둠 속에서 상사리의 불빛이 보였다. 마치 오랫동안 그리워하던 고향의 불빛처럼 다가왔다. 긴 하루를 하나가 되어 움직인 우리는 서로가 수고했다는 인사를 나누며 헤어졌다. 그 모습조차도 아름다워 보였던 이유는 무엇이었을까?

홍겹게 떠들고 노래한 상사리주민들은 영원히 함께 가야할 죽장연 가족임에 틀림이 없다. 주민들을 배웅하고 들어서는 숙소도 낯익은 우리 집처럼 여겨졌다.

제3부

부록

부록 1. 된장 관리에 도움이 되는 상식

1. 흰곰팡이가 발생할 경우

된장을 담고 난 후에 뚜껑을 열어 보았을 때 흰곰팡이가 있을 경우에 당황하는 경우가 있다. 곰팡이를 어떻게 해야 하나 고민하게 되는데 이런 경우에는 큰 걱정을 하지 않아도 된다. 흰 곰팡이는 된장을 숙성시키는 균사체이므로 사람의 몸에는 해롭지 않는 미생물이기 때문이다. 전통된장은 방부제를 사용하지 않는 발효식품이기 때문에 곰팡이가 생길 수 있다. 이럴 경우 날씨가 좋은 날 장독 뚜껑을 열어 햇볕을 쬐어 주거나, 곰팡이를 걷어낸 후에 전통간장에 담근 콩잎을 덮어두면 곰팡이가 생기지 않는다. 콩잎이 없으면 깨끗한 비닐을 덮은 후 그 위에 소금을 조금 뿌려 놓으면 된다.

2. 흰 곰팡이가 피는 이유

흰곰팡이가 피는 이유는 장을 담글 때에 소금물의 농도를 낮게 하여 된장이 싱겁기 때문이다. 또한 물이나 이물질이 들어갔을 경우에도 발생될 수 있다.

3. 햇된장 & 묵은 된장 어느 것이 좋은가

어떤 된장이 더 좋다고는 말할 수 없다. 햇된장을 선호하는 사람도 있고 묵은 된장을 선호하는 사람도 있다. 보통 젊은 사람들은 햇된장을 좋아하고 나이가 드신 분들은 묵은 된장을 좋아한다. 된장은 담근지 60일 정도가 지나면 먹을 수 있다. 하지만 1년 정도는 숙성이 되어야만 된장 특유의 구수한 맛이 난다. 보통 3년 된장이 가장 좋다고 하는데 이는 3년이 지나면 된장의 미생물 발효가 모두 끝이 나 더 이상 발효가 되지 않기 때문이다.

햇된장은 노란색을 띄어 먹음직스럽게 보이지만 메주 냄새가 아직 남아있고 구수한 맛이 나지 않는다. 된장이 3년 이상이 되면 전통된장 특유의 색깔인 갈색으로 변하고 그 이상으로 가면 색깔은 점점 짙어진다. 그만큼 구수한 맛과 향이 짙어진다. 또한 아미노산 함량이 높아져 항암효과에 좋다고 한다.

4. 된장은 오래되면 좋은가

너무 오래된 된장이 좋은 것만은 아니다. 좋은 된장은 색깔도 먹음직스럽고, 촉촉한 것이 좋고, 특유의 향이 있는 것이 좋기 때문이다. 오래된 된장은 맛이 나빠진다.

5. 된장이 검게 변하는 이유는

된장이 검게 변했더라도 걱정할 필요는 없다. 된장 표면이 산소와 접촉할 경우에 검게 변하기 때문이다. 된장 속은 공기와 접촉이 없기 때문에 색깔이 변하지 않는다. 검게 변한 된장 표면은 노란된장과 섞어 다져 놓으면 시간이 지나면 본래의 색으로 돌아온다.

6. 된장에 신맛이 나는 이유는

놓은 온도에 보관하거나 소금의 농도를 잘못 조절하였을 경우에 신맛이 나는 경우가 있다. 이럴 경우에는 콩이나 밀을 삶아서 섞어 주면 신맛이 없어진다.

7. 숙성된 된장의 염도는 몇 %가 적당한가

적당한 염도는 소비자가 선호하는 염도이다. 짠 된장을 좋아하는 소비자도 있고, 싱거운 된장을 선호하는 소비자도 있다. 보통 소비자는 12%의 염도가 있는 노란 색깔의 구수한 된장을 좋아한다고 한다.

8. 된장을 햇볕에 쬐는 이유

비온 날이나 습기가 많은 날에는 된장 뚜껑에 물기가 고이게 된다. 이런 경우에는 고인 물이 된장에 떨어질 수 있다. 이때 햇볕을 쬐어 주어야만 곰팡이가 피지 않기 때문이다.

9. 된장에 물이 고여 있을 경우에는

된장에 물이 고여 있을 경우에는 물을 떠낸 후에 된장을 모두 퍼낸다. 곱게 빻은 메줏가루에 더운 물을 붙고 소금 간을 한 후 함께 섞는다. 이렇게 한 된장은 씻어서 말려 소독한 된장독에 담아 손으로 골고루 눌러 놓으면 된다.

10. 장독이 넘쳐흐를 때에는

장 가르기를 한 후에 된장이 넘쳐흘러 당황하는 경우가 있다. 된장은 초기에 미생물의 발효가 왕성하기 때문에 1개월 정도는 위 아래로 오르내릴 수 있다. 된장이 넘치면 80% 정도 남기고 덜어내어 다른 장독에 담고, 덜어낸 장독의 된장 위에 김을 얹어 놓거나 소금을 뿌려 놓으면 가라앉는다. 된장은 발효과정을 거치기 때문에 처음 장 가르기를 할 때에 된장독의 80%정도를 담아 여분을 남겨 놓으면 넘치는 일이 발생하지 않는다.

11. 된장을 뜰 때 주의할 점

된장을 뜰 때에는 항상 파리가 주변에 달려들지 않게 해야 된다. 잘못하면 파리의 분비물에 의해 구더기가 발생할 수 있기 때문이다. 된장을 퍼 먹을 때에는 물기가 없는 주걱으로 퍼야 한다. 물기가 들어가면 된장 맛이 변하거나 상할 수 있다. 된장을 퍼낸 자리는 평평하게 한 후에 손으로 다지듯이 꾹꾹 눌러 공기가 들어가지 않도록 한다.

부록 2. 간장 관리에 도움이 되는 상식

1. 씨간장이란

씨간장은 오래된 간장에 햇간장을 섞은 것을 말한다. 간장은 매년 자연증발하는 양이 많기 때문에 처음 간장 그대로 있을 수가 없다. 간장을 처음 담근 후에 자연 증발과 먹고 남은 간장에 햇간장을 섞고, 그다음 해에도 섞어서 내려오는 것을 씨간장이라고 한다. 묵은장에 새로운 간장의 미생물이 들어가면 오래된 간장의 깊은 맛과 햇간장의 맑은 맛이 섞이면서 맛있는 간장이 탄생하는 것이다. 씨간장은 간장의 씨를 오래오래 간직하여 새로 장을 담글 때마다 씨앗장을 넣어둔 장을 말한다.

2. 간장꽃이란

간장을 담근지 40일 정도가 지나면 간장꽃이 핀다. 이것은 간장이 숙성되어 가는 과정으로 보면 된다. 간장꽃이 피면 뜰채로 걷어내면 된다. 간장은 하얗게 간장 꽃이 피어야만 맛있다고 한다.

3. 햇간장 & 3년 간장 어느 것이 좋은가

간장은 된장과 달리 오래된 간장이 맛있다. 처음 2년은 빛깔이 엷고 맑지만 깊은 맛은 없다. 3년이 지나면 간장의 양은 줄어들고, 색깔은 검은색을 띄며 진한 깊은 맛이 든다. 간장은 오래 될수록 좋은 간장이 된다.

부록 3. 장독 관리에 도움이 되는 상식

1. 된장을 항아리에 발효시키는 이유

전통방식으로 굽은 항아리에는 눈에 보이지 숨구멍이 있다. 항아리가 숨을 쉬기 때문에 숨구멍을 막으면 원적외선효과를 기대할 수 없다. 유약을 바른 옹기는 항아리라도 숨구멍이 없기 때문에 장맛을 좋게 할 수 없다. 플라스틱용기나 유리용기도 마찬가지이다. 숨 쉬는 항아리는 물은 새지 않고, 공기는 통과하는 장독이며, 이런 장독은 장의 부패를 막고 발효를 잘하게 한다.

2. 장독에 따라 장맛은 다르다

전통장은 미생물에 의해 장맛이 결정된다. 미생물은 좋은 공기, 맑은 물, 많은 햇볕에 의해 영향을 많이 받기 때문에 좋은 항아리를 쓰면 장맛이 좋다. 집집마다 장맛이 다르고, 같은 집에서 담은 장도 해마다 맛이 다를 수 있는 것은 항아리의 상태나 미생물이 활동하기 좋고 나쁜 장소에 따라 장맛이 결정되기 때문이다.

항아리는 지역마다 크기나 형태가 다르다. 그것은 지역마다의 환경이나 기후 조건에 맞는 장독을 만들었기 때문일 것이다. 그만큼 장독에 따라 장맛이 결정되기 때문에 좋은 항아리를 쓰는 것이 중요하다.

3. 자갈을 많이 깔고 그 위에 항아리를 놓는 이유

자갈은 땅 밑에 있는 흙의 기운을 받을 수 있고, 공기와의 소통을 원활하게 할 수 있기 때문이다. 또한 낮에는 햇볕에 적당하게 달구어져 된장에 열을 가하고 밤에는 쉽게 식어 장이 잘 발효할 수 있게끔 해주기 때문이다.

4. 장독은 기울어지지 않게 놓아야 좋다

장독이 기울어져 있으면 미관상도 좋지 않고, 넘어질 수도 있다. 또한 된장의 촉촉한 물기가 한쪽으로 몰려 한쪽은 단단해지고, 다른 한쪽은 물기가 너무 많아 백태가 낄 수도 있다.

5. 장독은 3년마다 바꿔주어야 한다.

장독은 흔히들 평생 쓸 수 있다고 생각한다. 하지만 장독에도 사용 연한이 있다. 3년이 지난 장독에는 간장의 찌꺼기들이 가라앉아서 침전물과 함께 밑바닥부터 옆면까지 올라와 장독에 금을 가게 한다. 간장독은 3년이 지나면 다른 장독에 옮겨 담고, 원래의 장독은 물로 깨끗이 씻어 소독한 후 다시 사용하면 된다.

부록 4. 장 담그기 좋은 날

옛날, 선조들은 음력으로 '말'날을 택하여 장을 담그거나 손 없는 날에 담갔다. 하지만 요즘 그런 미신을 꼭 믿을 필요가 없다. 아무리 말날이고 손 없는 날이라도 비가 오거나 날씨가 좋지 않은 날 장 담그기를 하게 되면 장맛을 버릴 수가 있다.

전통적으로 장을 담그는 시기에 따라 정월장, 2월장, 3월장으로 구분하였다. 옛날부터 이중 음력 정월장을 최고로 쳤다. 2월은 봄바람이 많이 부는 시기이고 봄비가 많이 내리기 때문에 2월장은 많이 담그지 않은 것 같다. 3월장은 정월장에 실패한 사람들이 장을 담글 수 있는 마지막 기회로 여겼다.

정월장을 선호한 것은, 가장 봄을 앞둔 늦겨울의 낮은 온도에서 오래 숙성시키면 장이 변질되지 않기 때문이었을 것이다. 하지만 요즘은 봄날 가장 맑은 날에 장을 담가도 무방할 듯하다. 그래도 가능하면 우리 선조들이 했던 것처럼 음력정월 날씨가 화창한 맑은 날, 손 없는 날에 담그면 더 좋을 것 같다.

부록 5. 한국 전통된장과 일본 미소된장의 차이

우리 조상들은 발효식품으로 된 음식문화를 발전시켜 왔다. 된장, 간장, 고추장, 청국장, 김치 등이 대표적인 발효식품이다. 발효식품은 부패와는 달리 세균, 효모, 곰팡이 등의 미생물들이 작용하여 사람에게 유익한 음식으로 만들게 해주었다.

한국 전통된장과 일본 미소된장의 차이는 재료와 발효균에서 나타난다. 한국 전통된장은 순수 100% 콩만으로 만들어지고, 오랜 기간 자연과 복합균들이 합쳐져서 발효와 숙성기간을 거쳐 만들어진다. 자연의 유익한 영양분들이 합쳐져서, 사람의 몸에 좋은 항암성분을 가지고 있으며, 오랜 기간 숙성을 하다 보니 구수한 맛을 내게 된다. 일본 미소된장은 쌀과 콩 등을 섞어서 만든다. 일본은 습한 기후 때문에 우리와 같은 발효를 하게 되면 된장이 부패 할 수 있다. 단일균인 황국균을 주입하여 짧은 기간에 발효시킴으로써 영양소가 한국전통된장에 비해 떨어지고 맛도 밋밋하다.

또한 한국 전통된장과 일본 미소된장은 만드는 방식에서도 차이를 보이고 있다. 한국전통된장은 100% 콩과 천일염, 그리고 물만으로 만든다. 콩을 가마솥에 삶아 으깨어 메주를 만든다. 메주 모양은 둥글게 만드는 경우도 있지만 보통은 사각모양으로 만들어 볏짚에 매달아 건조하고, 따뜻한 온돌방에 발효시켜 장을 담근다. 장을 가르는 과정을 거쳐 1년간 항아리에 숙성시키면 맛있는 한국 전통된장이 된다. 이에 반해 일본 미소된장은 콩에 쌀, 보리, 밀가루가 추가된다. 그리고 숙성기간이 짧다. 2년 정도 숙성시키는 하쵸미소라는 된장도 있지만 보통은 숙성기간이 두 달을 넘지 않는다. 콩에 쌀, 보리가 들어가기 때문에 한국 전통된장에 비해 단맛이 나고 풍미나 식감이 연하다.

한국 전통된장과 일본 미소된장은 먹는 방법에서도 차이가 있다. 한국 전통된장은 끓이면 끓일수록 깊은 맛과 구수한 맛이 더 나므로 오랫동안 여러 번 끓여 먹을 수 있다. 일본 미소된장은 맛과 향이 가벼워 짧은 시간에 끓이고 여러 번 끓여서 먹지 않는다. 일본 미소된장과 유사한 된장이 한국의 개량된장이라고 보면 된다. 이러한 차이로 한국 전통된장과 일본 미소된장은 그 맛과 풍미가 전혀 다른 된장이 된다.

Tip 1. 맛과 제조 방법이 다른 이유는

한국은 기후적으로 메주를 볏짚에 매달아 놓고 볏짚의 고초균과 공기 중의 유익한 균이 상호작용을 하여 만들 수 있지만, 일본은 그렇게 할 수 없다. 습기가 많은 기후적인 특징으로 우리와 같이 할 경우에 나쁜 곰팡이가 피어서 썩기 때문에 쌀에 황국균을 섞어 키워서 접종하여 만들 수밖에 없다.

Tip 2. 제조상의 장단점

일본 된장은 쌀에 미리 균을 키웠다가 섞기 때문에 제품이 일정하지만 단일균이이라서 영양적인 기능이 떨어진다.

전통된장은 자연의 좋은 균들을 복합적으로 가지고 있어 몸에 좋은 균들이 풍부하고 항암효과에 좋지만, 한정된 시기와 제품이 균일하지 못한 단점이 있다.

Tip 3. 상품화 가능성

일본 된장은 균일한 제품으로 상품화의 가능성이 높다고 할 수 있겠다. 하지만 우리의 된장은 지역마다, 집집 마다 다른 맛을 가지고 있어 상품화가 힘들다. 하지만 전통된장은 깊은 맛과 좋은 영양성분을 가지고 있어 소규모의 특징을 살린 상품화는 전망이 좋다고 할 수 있다.

부록 6. 전통된장과 개량된장의 차이

전통된장과 개량된장의 가장 큰차이는 균에 있다고 볼 수 있다. 전통된장은 자연에 있는 여러 복합적인 균들이 작용하여 만들어진 것이다. 개량된장은 가장 좋은 균을 배양시켜 단일균을 접종시켜 만든 것이다. 전통된장에는 곰팡이, 효소, 복합균이 어우러져 만들어진다. 하지만 자연에 의존하다 보니 만드는 시기가 한정되어 있고, 균일한 제품을 만들기가 어려운 것이 단점이다. 전통메주는 겉은 딱딱하게 말랐고 3분의 1정도의 속은 말랑말랑한 것이 좋다. 메주는 흰색이나 노란색 곰팡이가 있는 것이 좋다. 검은색이나 푸른색 빛이 나는 메주는 좋지 않다. 특히 머리카락처럼 검은 실이 나온 메주로는 장을 담글 수 없다.

반면 개량된장은 황국균을 접종하여 만들어서 균일한 제품과 어느 때나 단기적으로 만들 수 있는 장점이 있지만 단일균이기 때문에 맛과 영양에서 전통된장에 비해 떨어지는 것이 단점이다. 개량메주는 콩을 삶아 황국균을 묻혀 7일정도 발효시키는 간단한 방법으로 생산할 수 있다. 단맛이 많이 나지만 전통된장의 구수한 맛을 낼 수는 없다.

따라서 전통된장은 메주를 만들어 오랜 기간 자연적으로 발효 숙성시켜 만들었고, 개량된장은 곰팡이의 일종인 황국균을 쌀에 미리 길러 콩과 섞어 단기간에 만든 것이라고 보면 된다. 개량된장은 한국 전통된장과 일본 미소된장의 중간정도로 보면 될 것 같다.

Tip 1. 사먹는 된장에서 단맛이 나는 경우가 있는데 왜 그런가요

사먹는 된장에 단맛이 나는 경우는 곰팡이의 일종인 황국균을 접종하여 만든 개량된장이기 때문이다. 이는 밀가루와 콩을 섞어 만들었기 때문이다.

부록 7. 전통장에 대한 오해와 진실

1. 벌에 쏘였을 경우 된장을 바르면 효과가 있을까

어린 시절 벌에 쏘였을 경우 부모님들이 된장을 발라주는 경우가 있었다. 벌침에 포름산이라는 산성물질이 있는데 된장에는 이런 산성물질을 해독해주는 성분이 있기 때문에 벌에 쏘인 부위에 발라주면 효과가 있었다. 약국이나 병원에 가기 힘든 시기였기 때문에 민간요법으로 된장을 발라 환부를 안정시켰지만 오늘날에는 바람직하지 않는 방법이다. 된장을 발랐을 경우 오히려 염증을 유발하여 좋지 않을 수 있으므로 약국이나 병원을 방문하여 치료하는 것이 바람직하다고 할 수 있다.

2. 된장찌개를 끓일 때 흰색거품은 걷어내야 하나요

된장찌개를 끓이다 보면 흰색 거품이 나는 경우가 있다. 이럴 경우 거품을 걷어내고 먹는 사람들도 있다. 이 거품은 단백질이나 녹말성분으로 인해 발생하는 것이므로 사람이 먹어도 전혀 해롭지 않기 때문에 굳이 걷어낼 필요는 없다.

3. 된장 색깔이 검은색으로 변하는데 먹어도 되나요

된장은 공기 중의 산소와 만나면 색깔이 점점 진해지며 검은색으로 변해진다. 색깔이 검은색으로 변한다 해도 변질된 것이 아니므로 먹어도 상관은 없다. 색깔이 검으면 미관상 좋지 않으므로 퍼내었을 때 남은 된장은 숟가락으로 꾹꾹 눌러주어 공기층을 없애는 것이 좋다.

4. 청국장과 된장의 보관 방법이 같나요

청국장과 된장은 비슷하다고 보통 생각한다. 하지만 발효하는 방법에서부터 숙성하는 기간이 다르다. 청국장은 세균발효를 하며 짧은 시간에 만들기 때문에 상온에 두면 변질될 우려가 있다. 그래서 냉장 보관하여 먹는 것이 좋다. 된장은 곰팡이로 발효를 하며 오랜 기간 숙성 기간을 거치기 때문에 상온에 보관하여도 변질되지 않는다. 하지만 된장도 실온에 오래 두면 표면에 곰팡이가 필수 있으므로 냉장보관해서 먹는 것이 좋다.

5. 전통된장은 왜 비싸나요

전통된장이 개량된장에 비해 비싼 이유는 많은 공정과정을 거치고 오랜 기간 숙성시키다 보니 생산비용이 많이 발생하기 때문이다. 또한 모든 과정을 손수 사람이 해야만 하기 때문에 공장에서 대량 생산하는 것에 비해 비쌀 수밖에 없다. 하지만 자연에서 오는 유익한 성분이 합쳐져서 발효, 숙성된 것이기에 우리 몸에 좋은 영양분들이 많이 함유되어 있다.

6. 고추장에 꽃가지가 피는데 어떻게 하나요

고추장에 꽃가지가 피는 이유는 싱겁기 때문이다. 꽃가지를 없애려면 맑은 날 햇볕을 쬐어 주고, 마른 김을 덮어주면 된다.

7. 유리뚜껑이 좋을까요

요즘은 항아리 뚜껑보다 유리 뚜껑을 많이 사용하는 경우가 있다. 처음 된장을 담가 놓았을 경우에는 유리 뚜껑을 사용하는 것이 좋다. 1년간은 미생물이 활발히 활동하기 때문에 많은 햇볕이 필요하기 때문이다. 파리 등 벌레들이 많기 때문에 항아리 뚜껑을 열기 보다는 유리 뚜껑을 사용하는 것이 좋다. 1년이 지나면 미생물 활동이 점차 줄어들기 때문에 항아리 뚜껑을 덮어주면 된다.

낭만농부와 장아지매의 장이야기

청송 주왕산 가까운 포항 죽장의 오지마을에 자리 잡은 '오가향'에서 2009년 귀농한 부부 장아지매와 낭만농부가 직접 생산한 콩과 고추로 전통장을 만들고 있습니다.

인적 드문 이곳에는 신선한 골바람이 산줄기 따라 불어오고 하루 종일 햇살이 가득합니다. 그 속에서 무형문화재 이무남 옹이 손수 만든 숨 쉬는 옹기가 구멍 숭숭 뚫린 현무암 위에서, 동글동글한 자갈 위에서, 구수한 장의 향기를 내뿜고 있습니다.

장류제조사 사범의 자격을 갖춘 낭만농부와 시간이 걸려도 위생이 최우선이라며 안전한 먹거리를 고집하는 장아지매는 믿고 먹을 수 있는 우리의 전통장을 위해 오늘도 장독을 닦고 있습니다.

※ 오가향 : 신라말 마의태자가 금강산에 들어갈 때 일행 중 다섯 선비가 이곳에 남아 사립문을 달고 살았다고 하여 오사리라는 지명을 가지고 있습니다. 오가향은 이곳에 터를 잡은 다섯 집의 향기를 담는다는 뜻으로 지어진 이름입니다.